Auxiliando a humanidade a encontrar a Verdade

Além da Parapsicologia

© 2013 – Conhecimento Editorial Ltda

Além da Parapsicologia
5ª e 6ª dimensões da realidade
A. Moacyr Uchôa

Todos os direitos desta edição
reservados à
CONHECIMENTO EDITORIAL LTDA.
Rua Prof. Paulo Chaves, 276 - Vila Teixeira Marques
CEP 13480-970 – Limeira – SP
Fone/Fax: 19 3451-5440
www.edconhecimento.com.br
vendas@edconhecimento.com.br

Nos termos da lei que resguarda os direitos autorais,
é proibida a reprodução total ou parcial, de qualquer
forma ou por qualquer meio – eletrônico ou mecânico,
inclusive por processos xerográficos, de fotocópia e de
gravação – sem permissão, por escrito, do Editor.

Ilustração da Capa: Banco de imagens
Projeto Gráfico: Sérgio Carvalho

ISBN – 978-85-7618-311-2 — 5ª Èdição - 2013

• Impresso no Brasil • Presita en Brazilo

Produzido no departamento gráfico da
CONHECIMENTO EDITORIAL LTDA
Fone: 19 3451-5440
e-mail: conhecimento@edconhecimento.com.br

Dados Internacionais de Catalogação na Publicação (CIP)
(Angélica Ilacqua CRB-8 / 7057)

Uchôa, A. Moacyr.
Além da Parapsicologia - 5ª e 6ª dimensões da realidade / A. Moacyr Uchôa – 5ª ed. – Limeira, SP : Editora
do Conhecimento, 2013.
194 p. : il.

ISBN - 978-85-7618-311-2

1. Parapsicologia - pesquisas I. Título

13-0995   CDD – 133.8

Índices para catálogo sistemático:
1. Parapsicologia

A. Moacyr Uchôa

Engenheiro civil – general – professor catedrático de Mecânica Racional da Academia Militar das Agulhas Negras.

Além da Parapsicologia

5ª e 6ª dimensões da realidade

5ª edição
2013

EDITORA DO
CONHECIMENTO

Este pequeno livro é fruto de experiências vividas de tal maneira, e em tais circunstâncias, que a palavra e a escrita jamais poderão descrever com fidelidade.

Sendo, assim, experiência e vida, delas tem compartilhado intensamente minha família, sem cujo oportuno e irrestrito apoio moral e efetivo nada haveria conseguido nesse sutil e interrogativo campo.

Dessa forma, sinto-me muito feliz em dedicá-lo, com amor e sentido de justiça, a minha esposa Enita de Miranda Uchôa e a meus filhos Luiz Carlos Krish, Anna Maria Christina, Paulo Roberto Yog e Angela Maria Cristina.

O fato de que se produza interação entre os sistemas psíquicos e físicos implica, para a mente lógica, a existência de uma unidade fundamental que sugere pertencerem os fenômenos da parapsicologia e da Física a um mesmo universo que os compreende. Se assim é, é porque ainda está por descobrir-se uma porção da realidade maior que a até aqui revelada...

J. B. Rhine

Existe no Cosmos um elemento dinâmico, invisível imponderável, espalhado através do Universo, independente da matéria visível e ponderável e que age sobre ela. E neste elemento dinâmico há uma inteligência superior à nossa...

Camille Flammarion

Sumário

Palavras iniciais para esta edição 13
Prefácio 26
Prefácio do autor 29
Introdução: Parapsicologia, Nova Metapsíquica –
Espiritismo Científico 31

1ª Parte
Um depoimento

Capítulo I – Primeiros acontecimentos 41
1) Uma inesperada informação 41
2) Estranha experiência... Transe consciente? Mesa
inquieta!!! 42
3) Insólita compulsão!... Estranho acontecimento pela
madrugada 46
4) Personalidade subconsciente ou entidade outra, habitando
outro plano de existência?... E disse o mestre: "pelos frutos
os conhecereis"... 49
5) Uma antecipação de futuro próximo? Uma estranha
coincidência? O que, afinal?................................ 53
6) Uma vidência supranormal?... Uma alucinação
casualmente expressiva, adequada a um fim?... 55

9

CAPÍTULO II – Do efeito curativo: Magnetismo curador?
Cura supranormal? 58
7) Nevralgia na cabeça... Cura supranormal? 58
8) Uma experiência feliz.. 60
9) Interrompe-se uma crise de colite 61
10) Um desafio... E uma prova 63
11) Superado o sofrimento de uma bursite 65
12) Evidência de uma atuação supra-normal?!... Estranha
sub ou super consciência, mestre Filipe? O que?!.............. 67
13) Outra vez a mesma pergunta: capacidade ainda
desconhecida da sub ou superconsciência? – Mestre Filipe?
Uma confirmação, mas de que?..71
14) – Uma cura "atípica" para o clínico interessado...
Outra teria acontecido?..74
15) Um caso espirita? Uma feliz casualidade, ou ainda
um acontecimento inexplicável?....................................... 76

CAPÍTULO III – Dos efeitos físicos: luminosos, de transporte, etc ...79
16) Uma estranha e surpreendente fotografia 80
17) Luz "inexplicável"... Até um susto!............................... 82
18) Transporte de cravos e rosas.. 85
19) O supranormal em evidência... Onde tempo e espaço?...91

CAPÍTULO IV – Da materialização 95
20) Um padre, um papa?!... Uma formação física, de que outra
natureza?!... 96
21) Ainda padre Zabeu? Desta vez, desmaterializando-se à
vista de todos, em plena luz... E, a seguir, materializando-se,
ali mesmo, com a sala iluminada... 99
22) – Uma materialização "flúidica"? Algo excepcional?!...102
23) – Um estranho eletricista..106

CAPÍTULO V – Uma interrogação maior? Espiritismo?
24) Vingança terrível. Seria possível? Quem responderia com
segurança?!...113
25) Que aconteceu? Hipnose atípica, espiritismo de verdade,
ou poder estranho de um subconsciente atuante? 116
26) – Um sonho?... Uma alucinação?... Uma realidade,
uma visita?...118

2ª Parte
Outro Plano de Existência?

CAPÍTULO VI – Conceituação de plano de existência............ 123

CAPÍTULO VII – Ação da personalidade inconsciente ou subconsciente neste plano tridimensional: Um vislumbre de outro plano – 1ª análise............ 128

CAPÍTULO VIII – Perspectiva definida de uma realidade maior – Outro plano – 2ª análise............131

CAPÍTULO IX – Afirmação de outro plano de existência! Outra ou outras dimensões – 3ª análise............135

3ª Parte
5ª e 6ª Dimensões da Realidade

CAPÍTULO X – As quatro dimensões do contínuo espaço-tempo. Fatos parapsicológicos. Outras dimensões?............157

CAPÍTULO XI – Da inferência de outras dimensões da realidade consequente à fenomenologia parapsicológica da consciência à superconsciência............161

CAPÍTULO XII – Outra perspectiva para o problema das dimensões superiores............169

CAPÍTULO XIII – Hiperespaço, hipertempo, superconsciência sob novo ângulo... Afirmaremos sim? Quem poderá assegurar não?..176

Conclusão............185
Indicação bibliográfica............192

Além da Parapsicologia

11

Palavras iniciais para esta edição

Apresentação

Alfredo Moacyr de Mendonça Uchôa passou pela transição em março de 1996. Pouco mais de catorze anos depois, foi muito gratificante recebermos, minha filha Denise e eu, convite da "Mutual UFO Network (MUFON)" para apresentarmos uma palestra sobre o trabalho dele na área da ufologia durante a realização do encontro do MUFON em 17/18 Ago de 2010, nas cidades de Los Angeles e Orange, na Califórnia/EUA. E eu digo gratificante porque esta foi uma demonstração de que sua obra permanece como interesse de homens e mulheres que prosseguem no objetivo de esclarecer o fato de que não estamos sós no universo.

Outro evento, da mesma forma gratificante, foi o IV Fórum Mundial de Ufologia, realizado em Foz do Iguaçu, Brasil, no período de 09 a 13 Dez 2012. Naquela ocasião fui convidado e apresentei um trabalho sob o título "O Legado do General Alfredo Moacyr de Mendonça Uchôa para a Ufologia".

A história de meu pai é muito rica e se encontra resumida por ele em seu penúltimo livro, intitulado *Uma Busca da Verdade – Autobiografia*. Além desse, ao longo de sua produtiva existência, escreveu e publicou mais sete livros, todos com as edições há muito esgotadas. E é esse o motivo que nos leva, a mim e a meus irmãos, a despertar para o fato de que já é tempo de reeditá-los posto que, assim, estaremos contribuindo para a continuidade da missão que nosso pai recebeu, de seu Mestre, naquela célebre madrugada de 13 de março de 1968 em uma fazenda no município de Alexânia e que está referida em seu livro *Uma Busca da Verdade* (Cap XI) :"Você tem aqui uma missão: observar, pesquisar, escrever livros e divulgar...!". Divulgar é a palavra que resume a missão que, em nome dele, agora nos cabe assumir, providenciando a reedição de suas obras.

Para esclarecer os leitores das novas gerações, creio que cabe, aqui, um breve resumo biográfico de Alfredo Moacyr de Mendonça Uchôa:

– General Reformado do Exército Brasileiro.
– Oficial da arma de Engenharia.
– Engenheiro civil formado pela então Escola Politécnica do Rio de Janeiro.
– Professor catedrático de mecânica racional por quase 20 anos da Escola Militar do Realengo, depois Resende e, finalmente, Academia Militar das Agulhas Negras.
– Parapsicólogo, sensitivo e estudante dedicado da Metapsíquica e da Teosofia trazida ao Ocidente por Helena Petrovna Blavatski.
– Fundador, 1º Diretor-Presidente e Reitor da União Pioneira de Integração Social (UPIS), em Brasília/DF.
– Fundador da Associação Universal Morya (AUM) e do Centro Nacional de Estudos Ufológicos (CENEU).
– Ufólogo conhecido como o "General das Estrelas", segundo o Jornal *Correio Braziliense*.

Nascido na cidade de Muricy/Alagoas, aos 16 anos decidiu que seria oficial do Exército. Foi, então, para o Rio de Janeiro, onde se matriculou na Escola Militar do Realengo.

Primeiro contato com a paranormalidade

Aos 17 anos de idade, quando estava na cidade de Itu/SP, alguns amigos o convidaram para um encontro com um cidadão, conhecido como "médium sensitivo". Na ocasião, ele decidiu fazer um teste, perguntando ao homem sobre como se encontrava sua família no distante estado de Alagoas. A resposta, totalmente inesperada, deu-lhe ciência, de forma detalhada, de que seu pai havia sido acometido de grave enfermidade, em Maceió/AL. Uchôa se negou a acreditar porque sabia da excelente saúde e forma física de seu pai. Uma semana mais tarde, recebeu carta (vinda por navio) em que sua mãe narrava o problema de saúde de seu genitor, exatamente como havia sido descrito pelo "sensitivo". Para um jovem ávido de conhecimento, estava aberto o caminho para sua "busca da verdade".

Primeiro fenômeno paranormal tendo a si próprio como protagonista

Como uma consequência da Revolução de 1922, que o afastara do Exército, prestou concurso, foi aprovado e passou a frequentar a Escola Politécnica do Rio de Janeiro. Bom estudante, porém um tanto arrogante – em suas próprias palavras – desentendeu-se com o professor de geometria descritiva a tal ponto que decidiu não mais frequentar suas aulas, fossem quais fossem as consequências. Certa noite, levantou-se decidido a escrever um programa de estudos para evitar a reprovação em geometria descritiva, quando surpreendeu-se com uma vontade enorme de deixar seu braço escrever por ele. E, ali, ele teve sua primeira experiência de psicografia, ao redigir – sem seu comando ou controle – uma mensagem para ele mesmo. A mensagem iniciava com uma severa reprimenda ao seu comportamento relacionado com o professor de geometria descritiva, fazendo-o ver a necessidade de uma reconciliação, bem como orientando-o para a recuperação dos pontos perdidos naquela matéria, através da apresentação de trabalho que consistia na solução de importante e complexo problema de geometria que

Além da Parapsicologia

o professor havia passado para a turma. E a mensagem também dizia que ele deveria buscar mais orientações na "minha Geometria Descritiva", das páginas tais e tais... Finalizando, o mais inusitado: a mensagem estava assinada por MONGE, antigo e famoso matemático francês, muito ligado à gênese e desenvolvimento da Geometria Descritiva. Dia seguinte, na Biblioteca da Escola de Engenharia, encontrou o volumoso e antigo livro de Monge. E, o mais incrível, nas páginas tais e tais ele encontrou toda a orientação de que precisava. Trabalho apresentado. O resultado: grau 10 com louvor e a reconciliação consolidada.

PRIMEIRA CURA PARANORMAL TENDO A SI PRÓPRIO COMO INTERMEDIÁRIO

Durante o curso da Escola Politécnica, Uchôa morava em uma pensão. Certa madrugada, acordou com gritos lancinantes de homem vindos de um quarto próximo. Percebeu que eram gritos de sofrimento e sentiu um desejo incontrolavel de aliviar a dor daquela pessoa. Uchôa ainda não completara 18 anos. Foi até o quarto do enfermo e colocou, intuitivamente, suas mãos sobre a cabeça do homem, que imediatamente caiu em sono profundo. Mais tarde o doente foi removido para um hospital, onde veio a falecer vítima de meningite cérebro-espinhal. Os médicos não conseguiram encontrar uma explicação lógica para o homem adormecer no auge de uma crise como a que o consumia.

COMEÇA O APROFUNDAMENTO DE SUA BUSCA DA VERDADE

E foi nessa época que ele passou a ler e a estudar, sofregamente, autores que lhe pudessem trazer alguma luz no campo da paranormalidade, principalmente os da Metapsíquica e Metafísica. A seguir, citamos alguns deles: Leon Dennis, Ernesto Bozzano, Camille Flamarion, Paul Gibier, Alexandre Aksakof, Allan Kardec, Williams Crookes, Alexis Carrel, Charles Richet, César Lombroso, Charles W. Leadebeater, Annie Besant, Helena Blavatski e Krishnamurt, dentre outros.

Após formar-se em Engenharia e, com a Revolução de 1930, retornar à carreira militar, sua vida profissional foi muito intensa, porém ele nunca deixou de continuar lendo, estudando e aprofundando seus conhecimentos na área da paranormalidade, assim como dedicar-se, cada vez mais, ao trabalho no campo da cura transcendental.

Em 1933 ele casou-se com Ena – a sua Enita – e foi para o nordeste construir pistas de pouso para as aeronaves que faziam o Correio Aéreo Militar.

Em 1937 ele decidiu dirigir sua carreira para a área da Educação, ingressando no Quadro do Magistério Militar, passando a lecionar Mecânica Racional na Escola Militar do Realengo, depois Escola Militar de Resende, mais tarde Academia Militar das Agulhas Negras – AMAN.

Fora do expediente, ele intensificava sua devoção ao trabalho de cura transcendental.

E A VIDA CONTINUA...

No período de 1945 a 1957, cumulativamente com a cátedra de Mecânica Racional ele exerceu as funções de subdiretor de ensino fundamental da AMAN, cargo da inteira confiança de sete consecutivos generais comandantes daquele estabelecimento.

Nessa época ele iniciou uma fase de pesquisas que durou mais de 20 anos, no campo da chamada materialização, além de tornar-se um devotado estudante da Parapsicologia.

Em 1957 ele foi designado para fundar e ser o primeiro comandante do Colégio Militar de Salvador, quando aconteceu a memorável e transcendental cura de seu pai, por intermédio do Mestre Felipe de Lion.

Seu interesse pela Ufologia começou quando, como estagiário da Escola Superior de Guerra (ESG/1960), assistiu a um filme oficial da Força Aérea dos EUA, liberado pelo governo americano, sobre a "visita" de 14 objetos voadores aos céus de Washington, DC/EUA.

Em 1963, foi transferido para a reserva do Exército no posto de General de Divisão, passando a dedicar mais tempo

Além da Parapsicologia

aos trabalhos relacionados à cura transcendental e estudos e pesquisas nos campos da Parapsicologia e das sessões de materialização em ambiente fechado.

Sempre se manteve atualizado nas áreas da Física Relativista, Física Quântica, Bioquímica, Psicobiologia, etc, inclusive pela assinatura e estudo das principais revistas e jornais científicos sobre Parapsicologia e temas afins, dos EUA, França e Reino Unido, cujos idiomas dominava.

Em 1968 mudou-se para Brasília e era presidente do Grupo de Pesquisas Parapsicológicas da Capital quando, na Fazenda Rio do Ouro, nos arredores de Alexânia/GO, teve o seu primeiro contato com o fenômeno ufológico. Na ocasião, recebeu de seu Mestre Morya a missão de *observar, pesquisar, escrever livros* e divulgar.

E assim ele fez, por mais de uma década, organizando e conduzindo vigílias noturnas semanais onde, juntamente com advogados, militares, médicos e outros profissionais liberais, testemunharam e registraram inúmeros fenômenos de UFOs, daí resultando os vários livros que escreveu e publicou sobre o assunto.

Sua educação e espírito científico sempre estiveram presentes, mas nunca deixou, também, de considerar as aberturas para o mundo espiritual em consequência de suas próprias observações ao longo de décadas, acrescidas de suas experiências pessoais. Ele costumava dizer que era extremamente importante manter os pés no chão, mas, por outro lado, levantar a cabeça e olhar para as estrelas era absolutamente indispensável.

Para a análise e compreensão de muitos dos fenômenos ufológicos, sua experiência com as sessões de materialização lhe foi bastante valiosa, pois, diversas vezes, presenciou, em campo aberto, fenômenos semelhantes aos que pesquisara em ambiente fechado, valorizando sobremaneira a alta tecnologia praticada pelos seres visitantes, de forma análoga àqueles que se manifestavam em suas sessões... e que não eram, necessariamente, extraterrenos (ver no livro *Além da Parapsicologia*).

Ele demorou a aceitar e por muito tempo reagiu contra o exercício do fenômeno parapsicológico da telepatia com ele mesmo. Finalmente, quando não teve mais argumentos para negar, em razão das continuadas provas insofismáveis que lhe eram apresentadas, ele capitulou e passou a aceitar essa forma de comunicação que, parece, está destinada à humanidade do futuro. Com isso, ele "desbloqueou" os canais apropriados, com valiosíssimas informações passando a fluir com facilidade. Foi então que escreveu o livro: *Mergulho no Hiperespaço*, em cujo "Capítulo IV – Evolução para uma Percepção Diferente", item 4.1. TELEPATIA EXTRA-HUMANA, nº 6, Uchôa escreveu:

> Verifiquei que, depois disso, a faculdade ainda mais se desenvolveu, se ampliou e se aclarou, modificando-se evidentemente para melhor, de vez que foi complementada por uma espécie de visão hiperespacial, conjunto esse – telepatia – visão hiperespacial – que possibilitou tudo o que se seguiu e que constitui a razão de ser deste livro.

Juntamente com as pesquisas no campo ufológico, suas atividades científicas e educacionais ganharam um novo momento, em 1971, quando ele liderou a criação da União Pioneira de Integração Social – UPIS, em Brasília (ver: *www.upis. br*). Um dos objetivos constantes do estatuto dessa Universidade era o de apoiar e manter a Associação Universal Morya – AUM, entidade destinada à promoção de estudos na área das chamadas ciências alternativas, inclusive com cursos e eventos para sua divulgação.

Além de fundador da UPIS ele foi seu Reitor e Diretor-Presidente desde 1971 até seu falecimento, em 1996.

Em 1979, sob sua orientação, o Centro Nacional de Estudos de Ufologia – CENEU, fundado também por ele, em Brasília, promoveu o I Congresso Internacional de Ufologia. Na ocasião, Uchôa teve a satisfação de acompanhar o Dr Allen Hynek, famoso cientista norte-americano, para falar no Congresso Nacional Brasileiro, onde foi aplaudido de pé. Além do professor Hynek, que fez a palestra de abertura, a seguir listo mais alguns pesquisadores/cientistas que compareceram e apresentaram seus trabalhos naquele Congresso de Ufologia: Dr James Hurtak (Ca/EUA); Leo Sprinkle (Wy/EUA); Alan Stairle (França); Fábio Zerpa (Argentina); Felipe Carrion (Brasil), dentre outros...

Em 1982, Uchôa foi convidado e participou do "First Centennial Commemorative Congress" promovido pela "Society Psychical

Além da Parapsicologia   19

Research Of London", em Cambridge / Reino Unido, onde apresentou trabalho sobre a "Fenomenologia Parapsicológica no Brasil". Em 1983 foi o presidente de honra do II Congresso Internacional de Ufologia, realizado em Brasília.

Seu trabalho na área da cura paranormal com a participação de interplanetários teve seu ápice com o caso da jovem Bernadete Justiniano Gomes, em Brasília, o qual se encontra registrado em seu livro *O Transcendental – Curas e Fenômenos*. Este caso foi minuciosamente apresentado no Encontro do MUFON – Mutual UFO Network – em Los Angeles e em Orange/EUA, no ano de 2010, por sua neta Denise Uchôa Slater.

Em artigo da Revista UFO (Abr/96), por ocasião do falecimento do general A. Moacyr Uchôa, assim se expressou Ademar José Gevaerd:

> O General foi além da própria Ufologia, na busca de respostas para perguntas sobre o universo...

E disse mais:

> ...Em um de seus livros, *Mergulho no Hiperespaço*, ele transcendeu ainda mais a exploração dentro da questão ufológica pois, há mais de duas décadas (era o ano de 1996), o general Uchôa já tinha respostas claras para questões complexas que, até hoje, fogem ao controle de vários ufólogos.

Finalizando o artigo, disse Gevaerd:

> Felizes os ufólogos veteranos que tiveram a oportunidade de conviver com o general Uchôa, ler seus livros e assistir às suas concorridíssimas palestras. Felizes, também, serão os ufólogos novatos que têm, com seu legado, certezas para o futuro.

A posição do general A. Moacyr Uchôa sobre Ufologia, segundo o entendimento que nos deixou, é a de que considerava a UFOLOGIA, não como um fim em si mesma, mas como um instrumento valioso que contribui para a abertura dos horizontes da humanidade, permitindo-lhe seguir seu glorioso destino em direção aos universos, revelados ou não, em harmonia com seus irmãos da galáxia e extragalácticos.

A seguir apresento alguns conceitos e conclusões resultantes dos estudos, experiências e pesquisas do General A. Moacyr Uchôa, extraídos de seus livros e palestras:

"Será este livro – *Além da Parapsicologia* – uma espécie de mensagem não só aos jovens, como aos já batidos pelos anos, a fim de que se encontrem claramente advertidos desse mundo novo, que se abre ao espírito humano. Constituirá, talvez, pelo menos, um infinitésimo de estímulo ao próprio espírito científico, no sentido da pesquisa segundo rumos novos, conducentes à ciência mais ampla, avançada no campo moral, do mundo de amanhã. Uma ciência que será de conceitos novos sobre a matéria, energia e vida, de uma visão mais perfeita do homem e do universo, quer na perspectiva sem fim dos espaços ilimitados que ao investigador oferecem os céus constelados, quer na aguda penetração no seio da matéria, desvendando-lhe os arcanos, em busca do segredo da vida".

"Urge organizar-se a ciência, rompendo as barreiras do preconceito, os quistos de pensamento estratificado ou congelado, que conserva e acarinha formas caducas do proceder científico, conduzido, dominado por crenças temerosas de outras perspectivas, outras luzes".

"A fuga do fenômeno pela impossibilidade de trazê-lo ao entendimento das leis vigentes faz com que o preconceito científico se torne um freio à evolução da própria ciência."

"Prova-se o fenômeno, mas daí advém um grande medo de tentar explicá-lo. Então, a ciência foge, o militar também não controla os céus (UFOs) e a coisas vão sendo deixadas para lá. Por outro lado, as religiões também não gostam muito. E não é só a católica. As religiões não valorizam nada que possa indicar a existência de seres superiores ao homem, o qual consideram a obra prima da criação. De repente, aparecem seres adiantadíssimos, com inteligência e poder muito acima da humanidade. Isso não interessa nem às religiões nem à ciência".

"A diferença entre os cientistas e os grandes místicos consagrados é que, esses últimos, são sábios que alcançaram o conhecimento superior – posto que apreendem a realidade através das faculdades que desenvolveram muito além das normais."

"Hoje as religiões intuem, a ciência começa a mostrar e os grandes instrutores ensinam que o homem possui uma potencialidade incrível, supostamente para ser desenvolvida com o tempo."

"Haja coragem científica para, se necessário, transpor o aparente abismo, paradoxalmente aberto para o alto, que paralisa de espanto o audaz investigador voltado para o conhecimento da vida e vê a realidade ampliar-se ao infinito, para além de suas vistas afeitas a este mundo de 3 (três) dimensões. Serão essas apenas as dimensões dessa realidade cósmica, universal? Responda, pois, a ciência com a dignidade que lhe assegure, no futuro, nobreza e glória."

"A onda de vida do Poder Criador trouxe à realidade os minerais, os vegetais, os protozoários, os seres primários, o homem primitivo, uma Santa Thereza D'Ávila, um Mestre Jesus. Essa onda de vida divina está continuando a crescer e, naturalmente, conduzirá o homem ao infinito que ele tem a realizar."

"Quem poderá limitar, por um ponto final à ascese do ser criado, no caso a criatura humana, que veio como impulso e vida dos abismos dos diferentes outros reinos da natureza, perlustrando, já individualizada, sombrios caminhos no próprio seio da humanidade e, hoje, sensível às suas próprias intuições maiores, até se lança à conquista das estrelas?! Quem marcará esse ponto final? Quem?!..."

"O homem é um complexo de veículos sendo que a enfermidade pode se localizar em qualquer deles, não necessariamente no veículo físico."

"Magnetismo curador, implicando a ação de personalidade subconsciente do operador, mais sábia, incompreensivelmente mais capaz sob certos ângulos, mais rica de poder operacional nesse campo? Personalidades ou entidades de planos sutis, das quais não seremos nós senão pálidos instrumentos?...".

"Existe provada a ação de seres alienígenas na condução de fenômenos de cura, ditos paranormais."

"Então, tenho um ensaio, um trabalho onde procuro explicar porque eles (ETs) têm formas análogas à humana, tanto que os chamamos de humanoides. É que eles se desenvolveram, aqui e acolá, segundo as mesmas leis e condições materiais do universo. A espectroscopia, a física espectroscópica, mostra que a matéria daqui é a matéria das estrelas; a energia daqui é a energia das estrelas. Logo... Aliás, nós vivemos em um universo que tem o condão de ser a expressão de uma unidade, que seria a Unidade Divina, numa multiplicidade infinita de manifestações. Ao que tudo indica, parece que existem leis universais, princípios dominantes que governam toda a intimidade da matéria, da energia e da consciência em todo o universo. Então, nós avançamos por caminhos que não são iguais, mas são análogos. Daí a aproximação da forma sem haver a identidade. Isso não é a monotonia do idêntico, mas a beleza do análogo".

"A ampliação do Cosmos no sentido de sua profundidade maior, ainda não devassada pelo espírito científico humano, conducente a dimensões superiores, às quais oferece, à sua vista, um universo muito mais rico de formas, energia e vida, conferindo ao homem um sentido bem novo da imensa dimensão

Além da Parapsicologia

da sua própria grandeza."

"O Hiperespaço como o ambiente mais sutil, sem limites de espaço e tempo, onde o homem haverá de operar quando tiver desenvolvido, plenamente, as qualidades já demonstradas pela Parapsicologia."

"Entre o ser e o cosmos, entre a criatura humana e o meio em que se contêm, um fluxo efetivo de vibrações, de energias de toda ordem, está presente, abrangendo até características próprias de consciência, o que indicaria que a consciência, primeiro difusa, depois individual, se entrosasse com uma virtude consciencial maior, achando-se, pois, em expansão para, afinal, realizar o conhecimento pleno, verdadeiro, quando atingida a consciência cósmica, a Consciência Oceânica, Infinita, de Deus."

"Em verdade, nada disso se nos afigura absurdo (referindo-se às dimensões superiores da realidade), a não ser que queiramos impor as nossas próprias limitações à infinita riqueza da realidade universal."

"Com o evolver do homem para estados conscienciais superiores, revelar-se-á o universo em que se contém, cada vez mais rico de possibilidades, apresentando dimensões novas, agora, vividas e compreendidas no abstrato conceitual do mundo interno do próprio ser."

"Cremos na contínua e gloriosa ascese da nossa humanidade a um destino maior, no amanhã da nossa civilização, quando o homem, além do conhecimento pleno do universo em extensão e profundidade, haverá, ainda, descoberto, penetrado, estudado e compreendido o universo moral em que também se contem, vivendo em plenitude seus mais nobres valores espirituais."

"Não é possível permanecer indiferente face a um fenômeno (UFOs), talvez o mais importante da história do Homem, um fenômeno que desafia a ciência atual porque ele, realmente, vai levar a uma transformação grande, como se fosse o alvorecer de uma ciência nova que será – quem sabe? – a grande ciência do futuro milênio!!!"

"Sempre aqui a pergunta. E a resposta? Que a dêem os sábios ou os audazes! Quanto a nós... caminheiros da grande jornada, sem sabedoria e sem tônica de aventuras, recolhamo--nos esperançosos, confiantes e decididos, àquela vida interior onde silenciam os tumultos e onde o espírito procura elevar-se à suprema verdade."

"Temos que seguir em frente, na vanguarda dos acontecimentos que se nos vão apresentando em uma vivência de caminheiros de uma Jornada Cósmica, cujas origens se encontram, talvez, nos abismos da densidade maior da própria matéria, mas cujo fim se perde nas alturas infinitamente distantes que atraem o viajor incansável."

É claro que muito mais poderia ser dito nesta apresentação do general Alfredo Moacyr de Mendonça Uchôa, mas nossa finalidade, aqui, é apenas proporcionar aos seus leitores, a oportunidade de conhecer um pouco de sua biografia, ao mesmo tempo em que desfrutam de seus livros que, a partir de agora, sucessivamente estarão de volta às livrarias. São eles: *Além da Parapsicologia – 5ª e 6ª Dimensões da Realidade, A Parapsicologia e os Discos Voadores, Mergulho no Hiperespaço, Muito Além do Espaço e do Tempo, Cristo para a Humanidade de Hoje – Científico, Social e Político, O Transcendental – Curas e Fenômenos, Oásis de Luz e Uma Busca da Verdade – Autobiografia.*

Paulo Roberto Yog de Miranda Uchôa

Prefácio

Acabo de ler, de um só fôlego, a monografia-depoimento do general Alfredo Moacyr de Mendonça Uchôa, em que o autor debate com simplicidade e honestidade, mas também com ousadia e elevação, aspectos problemáticos e de grande relevância do homem e do seu destino neste planeta. Poderia parecer exagerada tal assertiva, uma vez que, em sua exposição, apresenta o autor material concreto exposto até com certa ingenuidade fenomenológica. Todavia, já na segunda e terceira partes do seu trabalho, posto apoiado em sua experiência, já vai o seu pensamento transcendendo-a para atingir elocubrações de ordem metafísica. Tenho acompanhado de perto a trajetória científica, como também a brilhante carreira didática do general Uchôa (ex-catedrático de Mecânica Racional da Academia Militar de Agulhas Negras) e tenho presenciado alguns dos fatos constantes do presente trabalho. Não sei se deles tiraria as mesmas conclusões do autor, que, aliás, ao longo do seu trabalho, prefere mais expor e interrogar do que propriamente concluir. É evidente que o material se coloca dentro da área dos ainda discutíveis e obscuros fenômenos da "Parapsicologia", convidando-a para que opine sobre tão estranhos fatos e acontecimentos. Poderá esta, através de metodologia rigorosamente experimental, lançar luz sobre os planos mais profundos da personalidade humana no sentido posto principalmente por Freud e Jung? Poderá ela esclarecer funções psicológicas, possibilidades latentes no psiquismo humano até agora veladas, impermeáveis ao conhecimento psicológico e mesmo ao ôntico-existencial? Poderá, em futuro mais ou menos próximo, a ciência psicológica possuir uma hermenêutica precisa de toda uma fenomenologia que reluta em se integrar à metodologia científica rigorosa? Diante de tais dificuldades, só em parte superadas por alguns institutos des estudos e pesquisas parapsicológicos, justificam-se plenamente as inteligentes reflexões físico-metafísicas do autor e, por certo, algumas de suas ousadas e originais conclusões. O mundo se torna cada vez mais complexo, progridem as ciências físico-matemáticas como também as biopsicossociais, tudo levando a crer que vai se fechando um ciclo histórico de vida para se abrir em novos ângulos de compreensão do homem e do seu mundo. Nesse contínuo devir que é a característica do fenômeno "vida" em todos os planos, o pensamento do investigador e do filósofo tem de ser dinâmico, flexível, ousado para, posto apropriado na experiência, poder sobre ela pensar ou filosofar, pensamento e filosofia que inevitavelmente terão de superá-la para concepções cada vez mais amplas sobre a incógnita do homem e do universo. A essa luz, o trabalho do general Uchôa, apoiado em rica casuística, honesta e cuidadosamente observada e analisada, afigura-se-me uma preciosa contribuição para o estudo de problemas os mais elevados e transcedentais do homem. Convida à meditação sobre a problemática ôntica e ontológica, e, se não apresenta soluções (o que, de resto, não foi a intenção do autor), põe problemas que devem ser estudados e pesquisados pelos autênticos cientistas.

Comprimento o autor pelo depoimento honesto, pelo estilo elegante, pela riqueza do pensamento. Nada mais preciso acrescentar para dizer do prazer que experimentei com a leitura de tão excelente monografia e pelo privilégio, que ora tenho, de escrever essas palavras introdutórias. Conhecedor da alta elevação espiritual do autor, de sua honestidade a toda prova, do seu desejo quase compulsivo de servir e oferecer o "bom" a todos que o cercam, posso – e o faço com o máximo prazer – afirmar a absoluta veracidade dos fatos expostos e a não menor sinceridade e honestidade do autor. Formulo um desejo: o que leigos e "entendidos" possam tirar da leitura e meditação sobre os fatos e idéias expostos, novos ângulos de compreensão sobre a essência do humano existir, isto é, das condições e destino do homem

Além da Parapsicologia

em sua trajetória do nascimento à morte.

Darcy de Mendonça Uchôa
Catedrático de Clínica Psiquiátrica
na Escola Paulista de Medicina

Prefácio do autor

Este é um pequeno livro, pois traduz apenas um imperativo do coração e consciência de alguém que supõe muito haver recebido das lições da vida. Na verdade, essas lições muito têm servido para compreendê-la no que possui de mágico poder para fazer ver na adversidade e no sofrimento o seu conteúdo de bem, na felicidade, uma vivência do Amor Universal e, nas lutas de cada instante da afanosa atividade multiforme dos seres, a gloriosa condição da evolução do espírito. Não será, certamente, um livro para despertar maior consideração dos cientistas, pois lhe faltará adequado espírito de pesquisa, nem, também, destinado propriamente aos intelectuais, que nele exigiriam citações eruditas ou, pelo menos, o tom de quem rebusca o estilo, visando ao bom êxito no âmbito estrito da arte de bem escrever. Não pretende, dessa forma alterar-se a qualquer nível científico. Nada disso... Este livro é, antes de tudo, um depoimento, apenas um depoimento, uma informação global, totalizante, porém de apresentação simples, objetiva, de uma série de fatos que, verdadeiros, implicarão um mundo de perplexidades, de ansiosas interrogações, ao mesmo tempo que farão pressentir a infinita riqueza do universo que nos contém, pleno de energias e, talvez, formas outras de vida ainda nem sonhadas pelo homem atual. Sendo assim um depoimento, destina-se, antes de tudo, aos que têm possibilidade de crer em um depoimento e, certo, isso acontecerá entre os que amam a verdade e, por essa razão, estimam e prestigiam a franqueza das afirmações, quaisquer que sejam os juízos que suscitem.

29

Será este pequeno livro, de certa forma, uma espécie de mensagem não só aos jovens, como aos já batidos pelos anos, a fim de que se encontrem discreta, porém, claramente advertidos desse mundo novo, que se abre ao espírito humano. Constituirá, talvez, pelos menos, um infinitésimo de estímulo ao próprio espírito científico, no sentido da pesquisa segundo rumos novos, conducentes à ciência mais ampla, avançada no campo moral, do mundo de amanhã. Uma ciência que será de conceitos novos sobre a matéria, energia e vida, de uma visão mais perfeita do homem e do universo, quer na perspectiva sem fim dos espaços ilimitados que ao investigador oferecem os céus constelados, quer na aguda penetração no seio da matéria, desvendando-lhe os arcanos, em busca do segredo da vida.

Tratando do problema das dimensões superiores, com fundamento nos fatos parapsicológicos decorrentes de percepções ou faculdades ainda não bem estudadas, convida o leitor a meditar sobre possíveis estados conscientes que se dispõem acima da consciência normal, permitindo visão mais profunda e ampla do Universo.

Não obstante o estranho dos assuntos versados, não deixará de ser este um livro tranquilo, sem citações de erudição, sem defesa apaixonada de teses, buscando, porém, algum mérito pelas implicações de ideais superiores que determinar, pelos impactos de caráter construtivo que puder oferecer à mente e ao coração. Será, enfim apenas isso: um livro sincero, visando unicamente a colaborar para que, apoiados em fatos, submetidos ao crivo honesto da razão, aqueles que o perlustrarem possam intuir um sentido novo para a existência e aí encontrar paz e felicidade na segurança de um nobre destino.

Será essa a maior recompensa do autor...

Introdução

Parapsicologia, Nova Metapsíquica – Espiritismo Científico

Este século tem sido do mais extraordinário progresso científico. Tudo se passa como se um estranho impulso determinasse a incrível aceleração de todos os processos físicos e mentais que levam a novas descobertas, às mais decisivas demonstrações de poder do espírito humano. Na verdade, é imenso o progresso realizado em seus domínios, ressaltando sobremaneira no que respeita à eletrônica e à física nuclear. Se aquela, a eletrônica, nos oferece as maravilhas da radiofonia, do radar e da televisão, a par de uma possibildade riquíssima de técnicas de pesquisa não só do ambiente puramente físico, como também dos campos biofísicos, esta, a física nuclear, nos oferece um conhecimento de subido valor sobre o multissecular problema da matéria e da energia e, mais que isso, proporciona à humanidade atual instrumento de inimaginável poder, tal o domínio da energia atômica. É tal o seu significado, impõe-se de tal maneira a relevância desse conhecimento, que, se Deus existe como a suprema realidade que se encontra para além de toda manifestação, ao memo tempo que a sustenta e regula, até parece justificar-se a palavra de um sábio americano, Henry Dewolf Smith, um dos responsáveis pela primeira explosão atômica em New México nos EUA, em seu livro *Atomic Energy for Military Purposes*, quando diz se haver dele apoderado, quando dessa explosão, o sentimento que nósm pobres seres, cometíamos blasfêmia ao lidar com essa força até aqui reservada ao Todo Poderoso.

Na verdade, a era atômica em que ingressa a humanidade, tudo indica, assistirá a extraordinárias transformações, deixando-a, todavia, sob o signo permanente da possibilidade de rápida auto-destruição. Que acontecerá?!... Pondo de lado essa terrificante perspectiva, vislumbrar-se-á, talvez, a resposta, atentando para suas implicações no avanço cietífico pelas pesquisas tendentes ao uso da energia atômica para a paz, as quais parecem muito amplas, inimagináveis, tais os campos que atingem e os reflexos que poderão oferecer para o sistema de vida do homem do fim deste século.

Por outro lado, os progressos nos campos da química e da biologia, as descobertas e realizações no âmbito da medicina, das técnicas de defesa da saúde coletiva e, também, das que promovem o conforto da criatura humana, tudo parece indicar um caminho firme para uma vivência mais feliz.

Todavia, parece estranho que, apesar de tudo isso, dos sensiveis progressos, também, nas ciencias psicológicas e, ainda, no campo das técnicas educacionais, visando à preparação intelectual e à formação moral, não se observe nos dias de hoje, qualquer declínio nos egoísmos individuais e coletivos, nacionais ou de grupos, antes exacerbados e demonstrados nas radicalizações ideológicas, de atitudes também individuais e coletivas. Dado o poder atualmente disponível em petrechos e armas de guerra, acha-se, assim, em perigo a civilização. Esse fato se torna tanto mais estranhável quando se considera a pretensão de vivermos uma civilização cristã... É que vivemos apenas uma ficção desse estado crístico de coração e mente, afogados num mar de interesses outros que, por um processo interior psicológico de transmutação, nos levam a racionalizar a nosso gosto, deturpando a mais pura essência do pensamento e do sentimento cristãos

Já o grande sábio francês Prof. Charles Richet, em seu notável livro – *A Grande Esperança*, assinalava a incapacidade de todas essas ciências para atingirem o campo moral, nada contribuindo para uma humanidade mais feliz, apesar dos confortos que a técnica, delas resultante, pudesse oferecer.

Não podemos, entretanto, duvidar de que se ache em formação, de algum tempo para cá, uma ciência nova (?), pelo menos um novo campo de pesquisa científica – a Parapsicologia – constituindo-se naquela *Grande Esperança* de que falava o grande sábio, quando, então, se referia à metapsíquica. É que os seus assuntos, as suas pesquisas desbordam o âmbito puramente físico das ciências objetivas atuais e o domínio relativamente confinado à fenomenologia comum nas ciências psicológicas. Projeta-se em um campo que tem tudo, na verdade, dos outros campos das diferentes ciências atualmente estruturadas, credenciadas, mas os transcende quando envolve fatos que parecem traduzir liberação do tempo e do espaço e apontar para uma realidade maior....

De fato, no âmbito da parapsicologia, cabem as pesquisas mais variadas de toda ordem. Referimo-nos aqui aos aspectos físicos, biológicos ou psicológicos dos fatos estudados, condicionados e a se constituírem como que expressões de funções psíquicas do ser humano, mesmo que, até agora, ainda desconhecidas. Pois, perguntamos, não estará consagrada a sua posição, segundo a qual, no dizer de Robert Amadou, a sua missão científica da parapsicologia se reduziria a pôr em evidência e estudar, experimentalmente, funções psíquicas que ainda não se acham incorporadas ao sistema da psicologia científica?!... E com a finalidade de incorporá-las a esse sistema que, assim, "ficará ampliado, completado"?!...

Na verdade, cumpre reconhecer a excelência do novo rumo dado ao critério das pesquisas em torno dos chamados fatos supra ou paranormais, em cujo âmbito, cedo ou tarde, estarão com credenciais indiscutíveis para serem esclarecidos, estudados, aqueles de tônica mais agressiva como materializações, escrita direta, transportes, fenômenos luminosos etc, já tão observados e cuidadosamente tratados por eminentes vultos da ciência, consagrados nos mais avançados centros, que fizeram e ainda fazem honra à cultura mundial. É notório destacarem-se entre esses famosos pesquisadores figuras inconfundíveis, cujos méritos são universalmente reconhecidos até pelos mais acirrados adversários desse gênero de estudos, tai como Sir William Crookes, Alfred Wallace, Oliver Lodge, Frederic Myers, Zolner, dr. Osty, dr. Paul Gibier, professor Charles Richet, Camille Flammarion, dr. Enrico Morselli e tantos outros, não esquecendo a magnífica obra de crítica e análise de indiscutível

Além da Parapsicologia

mérito do renomado fisiologista italiano Ernesto Bozzano. Esse novo rumo, que vem conduzindo a parapsicologia ao prestígio universitário, origina-se, na verdade, do incontestável senso de pesquisa do Prof. Joseph Banks Rhine e seus colaboradores do Laboratório de Parapsicologia da Univesidade de Duke, substituindo ao critério de qualidade o de quantidade de observações e resultados coligidos, de forma que fossem submetidos com segurança aos trâmites e exigências da estatística e do cálculo de probabilidades. Com essa orientação, limitando as pesquisas aos fenômenos de clarividência, telepatia, precognição (três grupos de fenômenos que constituem a categoria E.S.P.)[1] e psicocinesia (categoria PK),[2] desenvolvendo-as a partir dos primórdios da década 1930-1940, já de algum tempo concluiu o Prof. Rhine, com amplos fundamentos na experiência e seus resultados submetidos ao instrumento matemático, haver demonstrado, plenamente, a sua realidade. Mais ainda, em relação a certos fatos, afirma o Prof. Rhine transcederem ao âmbito da física, não só atual, como também, ao que, nesse campo, no momento, é dado prever. Insinua, assim a existência de um domínio extra-físico em que, possivelmente, se passarão esses fatos. Essa a razão pela qual, dentro de um espírito demasiado crítico, como o de Robert Amadou, o próprio Prof. Rhine já é acusado de místico... Como quer que seja, porém, o fato é que, generalizando-se o espírito de pesquisa em torno desses fenômenos, principalmente na Inglaterra, Alemanha, Holanda e até na Rússia, onde já se conta a existência do Instituto de Parapsicologia em Leningrado e Moscou, parecem estar de acordo os mais credenciados experimentadores e analistas dos resultados até hoje obtidos, em que o realizado até aqui vem prestigiar, sobremodo, os fatos já antes valorizados pela Metapsíquica de Charles Richet, que uma crítica apressada, um tanto apaixonada e até insensata, vem insistindo em subestimar e mesmo desprezar. A parapsicologia vê, então, novo e imenso campo que se lhe abre como imperativo inexorável do próprio progresso científico, segundo aquela palavra de notável cientista quando diz:

---

1 *Extra-Sensory Perception* – percepção extra-sensorial.
2 *Psyco-Kinesia* – Psicocinesia.

"A ciência será sempre levada, pela eterna lei da honra, a encarar os fatos face a face".

Por outro lado, quem poderá afirmar não esteja reservada à parapsicologia a integral demonstração daquela passagem do grande físico inglês Jeans, quando afirma achar-se superado o antigo e persistente dualismo que vem sempre acompanhando o pensamento humano, matéria-espírito, resolvendo-se o universo numa unidade? De fato, assim o diz:

> O espírito e a matéria, se não está provado serem de natureza semelhante, deverão, pelo menos, ser componentes de um sistema único. Já não há lugar para o dualismo que, desde Descartes, tem obcecado a filosofia.

Aliás, o próprio Prof. Rhine diz em sua magnífica obra *O Novo Mundo da Mente* – quando trata das relações da parapsicologia com a física, no capítulo que intitula – "A realidade não física da natureza":

> Atrás de PSI (funções psíquicas responsáveis por ESP e PK) e de todo o resto da natureza, deve existir certa espécie de realidade energética comum.

Referindo-se ainda a dificuldades explicativas dos fatos parapsicológicos no campo da física atual, diz não haver esta ciência e a parapsicologia "encontrado ainda as suas raízes causais no universo natural..."

Fácil é, pois, inferir do extraordinário interesse que a experimentação parapsicológica poderá oferecer, no sentido de se conseguir maior luz sobre as íntimas relações existentes entre as próprias funções psicológicas normais, de vez que põe de manifesto, pelo menos, a perspectiva da imensa ampliação do campo operacional das energias do ser humano. Por outro lado, atenta para a possibilidade da vigência de um condicionamento que corresponda à existência como de uma energia psíquica de natureza extra-física, em conexão com as diferentes formas de expressão de vida. Daí, talvez, uma das razões por que esse tipo de fatos, que constituem o campo natural da parapsicologia, começa a despertar o mais vivo interesse

Além da Parapsicologia

nos mais elevados círculos do pensamento científico universitário, de alta pesquisa, em vários países. Demais, o campo de pesquisas de ESP e PK cada vez mais deverá interessar às grandes potências, de vez que, desvendados os mistérios que ainda perduram sobre o conhecimento do ser humano, sobre suas capacidades de percepção extra-sensorial, as descobertas, porventura desenvolvidas e aprimoradas, poderão ser, talvez, de alta valia no campo do poder nacional.

Por outro lado, face aos progressos já realizados segundo os processos da análise quantitativa dos fatos, a qual constitui a tônica da escola de Rhine, um novo interesse, naturalmente, despertará para os de qualidade, aqueles do domínio objetivo, fisiobiológico ou biofísico, psicofísico ou metapsicológico, cujo conjunto se enfeixa, desde os fins do século passado e primórdios deste, sob a denominação de Espiritismo Científico ou Metapsíquica.

Na faixa desse interesse, que se sente oportuno e tende a generalizar-se por todos os países cultos, é que, a nosso ver, urge organizar-se a ciência, rompendo as barreiras do preconceito, os quistos de pensameno estratificado ou congelado, que conserva e acarinha formas caducas do proceder científico, conduzido, dominado por crenças temerosas de outras perspectivas, outras luzes.

Teremos assim, ou já a temos em plena evolução, uma Parasicologia ou uma nova Metapsíquica, decorrente dos mais modernos métodos de perquirição e análise, sobressaindo o rigor das conclusões a que conduzem.

Todo o campo das percepções extra-sensoriais, incluindo-se os estados místicos decorrentes da prática da Yoga oriental e, ainda, a imensa fenomenologia do chamado Espiritismo Científico, explorada desde o século passado por cientistas de escol, como indicamos, vêm encontrar, afinal, equipes de pesquisa, com segura orientação científica, à altura de sua importância e significação para o destino humano.

Parapsicologia, metapsíquica, espiritismo científico, que significará o nome de batismo, se o pleno êxito nessas pesquisas – é o que importará para o homem de amanhã?!... Seja parapsicologia, mas que não se feche ou encerre em quaisquer preconceitos universitários ou científicos, antes estude os fatos da Metapsíquica de Richet, anímicos ou ditos espíritas, com a mesma decisão e persistência que lhe vêm assegurando tanto êxito desde os primeiros trabalhos específicos conduzidos magistralmente na Universidade de Duke (USA), sob a direção do Prof. Rhine. Haja coragem científica para, se necessário, transpor o aparente abismo, paradoxalmente aberto para o alto, que paraliza de espanto o audaz investigador voltado para o conhecimento da vida e vê a realidade ampliar-se ao infinito, para além de suas vistas afeitas a este mundo de 3 (três) dimensões. Serão essas apenas as dimensões dessa realidade cósmica, universal? Responda, pois, a ciência com a dignidade que lhe assegure, no futuro, nobreza e glória.

Na busca dessa resposta, encontra-se como uma realidade maior, que encerra a manifestação de um conjunto fenomênico que aponta para – **além da parapsicologia**. São fenômenos que implicam reformulação de conceitos não só psicológicos (campo próprio, específico da parapsicologia), como de vários outros ramos do saber científico como a física, a química, a biologia, a medicina etc... Daí, o significado do título deste nosso trabalho, indicando que os fenômenos nele apresentados e estudados não se limitam, em seu conteúdo de valor, ao âmbito psicológico ou parapsicológico, como bem certamente concluirá o leitor, ao analisar, com minúcia, os fenômenos de transporte de objetos através obstáculos opacos e espessos, os de formações luminosas foscas ou brilhantes, os de materialização etc... descritos e apreciados em nosso depoimento.

Assim sendo, verá todo aquele que bem atentar para as condições em que esses fenômenos se passam e sua natureza que, realmente, não obstante o campo amplo da parapsicologia, o nosso estudo se situa não só nele, mas também além dele, tanto pelo significado de alguns dos fatos descritos, como pela inferência das 5^a e 6ª dimensões da realidade, que por si próprias, não obstante pertencerem à investigação da parapsicologia, a transcendem. Isso logo se justifica, pois, se por um lado, essas dimensões pertencem conceitual ou objetivamente ao âmbito da psicologia ou parapsicologia, por outro, implicam integral modificação das vistas atuais sobre o universo em que nos contemos, em suas expressões da energética física e biológica, que abarcam e condicionam toda a evolução natural.

Além da Parapsicologia

Estamos, pois, em muitos e muitos casos que assinalaremos, fora dos limites da parapsicologia, se os há, na perspectiva de uma visão cosmológica extraodinariamente ampliadas para além dos seus domínios!...

Tal a razão por que nos aventuramos a essa afirmação que se lê no título deste trabalho – **além da parapsicologia** – que o leitor apreciará e julgará com o esclarecido critério de sua inteligência analítica, tocada, por certo da intuição que abre vias novas ao conhecimento, em busa sempre de uma **verdade maior.** Esta, o **amanhã** oferece aos que, no **hoje,** se empenham, com amor e até sacrifício, por descobri-la e viver.

As páginas que seguem, de exposição, de depoimento, que versam assuntos afins em relação a essas perquirições, bem assim, as que dizem de uma sucinta análise dos fatos assinalados e suas implicações apontando para os transcendentes problemas das dimensões superiores da realidade, dita-as um sentimento de dever social, moral ou espiritual, tal a espontaneidade com que a vida nô-los ofereceu, transformando-nos a maneira de ser em pensamentos e atos, abrindo-nos mente e coração para melhor entender e viver mais feliz.

Traduzem fatos inabituais vividos e observados pessoalmente. Não se constituem em um depoimento e análise de rigoroso valor científico, como assinalamos no prefácio. Longe de nós assim pensar ou pretender. Todavia, é possível que sirvam àqueles que já possuam mesmo discreto interesse pelas pesquisas nesse campo, no sentido de revigorar-lhes as disposições e, quiçá, orientar-lhes os propósitos. São fatos de natureza vária, desde psicológicos, passando pelos de cura, alguns extraordinários, como será exposto, até os objetivos, de materialização, transporte, de formação luminosa e outros. Cumpre atentar para o fato de que a maioria do relato incide sobre acontecimentos que se apresentaram espontaneamente, menos os das reuniões de efeitos físicos e materializações, muitas das quais organizamos e a elas presidimos.

Nos capítulos a seguir, estarão uma sincera homenagem à Verdade e um vivo apelo à investigação e busca de compreensão da **realidade maior!**...

1ª Parte
Um Depoimento

Capítulo I

Primeiros acontecimentos

Neste capítulo, deporei sobre os primeiros acontecimentos entre muitos e muitos que vieram modificar o rumo da minha formação cultural, decisivos no sentido de um maior interesse pelos estudos e investigações no campo do metapsiquismo. Procurarei depor, sempre que possível, em ordem cronológica, ao longo deste livro, selecionando fatos, acentuando minúcias de maior relevo e acrescentando sempre pequeno comentário.

1) Uma inesperada informação...

Desligado da Escola Militar do Realengo, em consequência dos acontecimentos revolucionários de 1922, estou em Itu, São Paulo, jovem de apenas 16 anos de idade. Dizem-me alguns colegas: Sabe? Fizemos uma sessão espírita!... Portugal adormeceu profundamente e, assim, nos respondeu a várias perguntas, escrevendo certo, com letra diferente da sua, pelas linhas da pauta do almaço. Outra reunião e compareci com natural curiosidade. O amigo Portugal, rápida e profundamente, adormece como haviam dito. De face apoiada sobre o braço esquerdo, que lhe impediria toda visão, mesmo desperto, escreve com perfeição e extraordinária firmeza, seguindo certinho as linhas do papel. Súbito o lápis cai e, em seguida, com rapidez, é tomado por ele. Nova letra, agora bem má, e a afirmação: "Sou o dr. Lourenço." Anunciando-se médico, várias perguntas lhe são dirigidas sobre saúde de alguns presentes e até de ausentes. De permeio, perguntas até um tanto ingênuas, bem próprias, porém, de principiantes da idade dos jovens ali reunidos. Pergunto eu, então: "Como está a minha família em Alagoas?" Resposta: "Todos bem, exceto teu pai, que esteve mal". Meu pai era um homem extraordinariamente forte, sadio. Cético, volto a perguntar:

– Mas que tem ou teve ele, poderia dizer?

Veio a resposta:

– Não tenho certeza, porque não me achava lá, mas, pelo que ainda posso observar, julgo tratar-se de uma ameaça de congestão cerebral, felizmente já vencida. Tranquilize-se. Só então pensei ser meu pai um homem robusto, sanguíneo e sempre displicente em se cuidar. Fico, em consequência, naquele instante, um tanto preocupado... Aconteceu, porém, e aqui está o interesse deste relato, que, a esse tempo, carta de minha mãe já se achava a caminho, comentando a grave ameaça de congestão que o havia acometido, a qual, felizmente, superara, depois de atribulações e sérios cuidados...

Comentário – Do grupo, apenas um, seu filho, o conhecia e nele sempre pensava em termos de saúde e vigor. Como essa informação tão precisa, implicando uma percepção do fato e um julgamento técnico, médico, em um ambiente de ex-estudantes de matemática e física da então Escola Militar do Realengo?!... Dirão os entendidos, os que tudo resolvem com facilidade:

"Leitura no subconsciente de alguém". Admitamos, porém, que, nesse caso, esse alguém estaria muito longe, a milhares de quilômetros, pois só no local, em Alagoas, havia pessoa que tomara conhecimento do fato. Não há duvida, é uma hipótese, mas pelas circunstâncias, será a única?... Apesar de muito jovem, lembro-me de que pensei seriamente no caso e este depoimento indicará a série de eventos que a esse fato tão simples se ligaram e dele decorreram, marcando-me um campo de interesse cultural e de pesquisa de que sempre cuidei.

2) Estranha experiência... Transe consciente? Mesa inquieta!!!...

Esse acontecimento de Itu, primeiro relato, inspiraria, dois anos depois, uma reunião no velho e tradicional casarão de um, então, Engenho de Açúcar – Serra d'Água – em Camaragibe, estado de Alagoas, onde residia o dr. L. Moreira, meu prezado tio e padrinho. Certa noite, sentamo-nos à volta de pequena mesa, sobre a qual pusemos as mãos em cadeia. Éramos 5 (cinco), todos absolutamente ignorantes com relação a quaisquer pesquisas psíquicas ou metapsíquicas ou, ainda, espíritas. Encontrava-se presente esse tio médico, – doutor Luiz Moreira, homem de reconhecida inteligência, preparo profissional e ilibada formação moral. Agita-se estranhamente a mesa. Transmite, por sinais tiptológicos, algumas informações e, solenemente, contrariando nossas mais claras disposições no momento, aconselha-nos a encerrar a reunião, dizendo-a perigosa. Assim o fizemos, mas, logo a seguir, consultamo-nos e decidimos prosseguir, apesar da advertência... Movimentada agora a mesa de forma diferente, porém precisa e forte, sobre-vém a indicação para que eu próprio escreva. Tomo, então, do lápis e me transformo em um "escrevinhador" veloz, meu braço estranha e fortemente impulsionado... Meu tio diverge dos termos da mensagem e o ambiente se agita com o atípico diálogo escrito-oral... Apesar de plenamente consciente de tudo, sinto como que instalar-se em mim, de súbito, outra personalidade a discutir em termos enérgicos, e até de inconformação, com meu tio, ao qual, pela própria condição de tio padrinho, aos meus 18 anos de idade, sempre tratara com o maior respeito e todo apreço. Vendo-me exaltado, de certa forma desconsiderando-o, adverte-me com severidade, estranhando que grite, pois, além disso, a essa altura, já o trato de "você" – de igual para igual – apesar de muito aflito com esse desrespeitoso procedimento, que já então não posso evitar!... Para todos os efeitos, estaria personificada, na expressão da minha palavra e atitude incontroláveis por mim, uma irmã de meu tio, há muito falecida e que jamais conhecera, indignada, no momento, por não ser reconhecida e, assim, desconsiderada pelo irmão, apesar de suas múltiplas referências a situações por ele vividas na Bahia, quando estudante, as quais, até certo ponto, o impressionam. No auge daquela estranha discussão, sinto restabelecer-se o estado normal, se bem que permaneça uma forte tendência para voltar ao aceso debate, a

Além da Parapsicologia 43

qual posso bem superar. Devo aqui recordar que, logo ao início dessa discussão, quando meu tio, indignado, se dirige a mim, censurando-me pela atitude desrespeitosa, compulsivamente e exaltado, com viva energia, respondo:

– "Você está enganado! Quem está falando com você não é seu sobrinho Moacyr (assim o tio me tratava), mas sua irmã Alice... que se vê aqui tão desconsiderada por você"... E segue-se o referido e forte debate...

No dia seguinte, ao insistirmos em nova experiência, somos outra vez aconselhados a não prosseguir, pois que não haveria condições para tal. Repetindo o ocorrido, mais uma vez, não nos conformamos ainda e insistimos. Dessa vez, porém, outros são os sucessos: só obtivemos efeitos físicos. É que a mesa começa a movimentar-se com extraordinária violência, como a indicar tratar-se de um operador malévolo, cujo nome dá, agindo de tal forma que, surpresos, decidimos suspender, em denifitivo, tal experiência... Assim o fizemos, mas eu, demasiado curioso desde esse tempo, resolvo fazer, ainda, uma experiência, agora absolutamente pessoal, pondo, sozinho, a mão no centro da mesa. Começa ela, então, a agitar-se intensamente como antes, erguendo ligeiro cada pé e a bater com violência, alternando-os. Assim o faz de tal sorte que acaba por deslocar-se longitudinalmente, mesmo quando apenas mantenho um dedo aplicado ao seu centro, com o objetivo de fugir à minha influência, pelo menos física, nesses deslocamentos... Resolvo em seguida, brincar com a mesa e levá-la para um salão-copa da ampla residência, para que outras pessoas pudessem ver e aquilatar o fenômeno, ao mesmo tempo que, ainda um tanto infantil, projeto dessa forma assustar alguns. Intensifica-se o fenômeno, parecendo como se a pequena mesa se achasse possuída de estranho poder!... Continua agitando-se e batendo com violência em resposta a solicitações, até que, nas condições já descritas, com um dedo apenas no seu centro, se ergue e vira, colocando-se de tampo sobre o piso... de "pernas para o ar", segundo a linguagem comum... Aí, então, resolvo deixar a insólita e estranha brincadeira... Em consequência desses fatos bastante incomuns, meu tio, sensatamente, decide abandonar tais experiências...

Comentário – Cabem aqui três observações:

1ª) Todas as pessoas reunidas estavam tão decididas à experiência, que a prosseguiram depois da advertência para suspendê-la. Como se originaram a decisão do conselho e a sua concretização, no sentido da interrupção e, mais ainda, a alusão ao perigo?...

2ª) À minha personalidade normal, marcadamente respeitosa para com meu tio e padrinho – o dr. Luiz Moreira, aliou-se ou justapôs-se outra (?) com características diferentes, tratando-o de igual para igual, modificando, assim, um tipo de comportamento tranquilo e longamente sedimentado de minha parte para com meu tio, e de modo tão rápido?... Personalidade incidentalmente mais forte, sobrepondo-se à normal?... Mas, se havia plena consciência de tudo? Se o meu "eu" normal, plenamente consciente, ali se encontrava, analisando e estranhando o fato.

3ª) Tornou-se manifesta, indiscutível, a facilidade da insólita movimentação da mesa, como que impregnada de uma força que sobre ela atuasse efetivamente. Essa força ficou demonstrada, quando todos viram, a plena luz, um dedo no seu centro (?), fazê-la pôr-se de "pernas para o ar" e, mais ainda, como obedecendo a um propósito, pois levantava, com esse dedo ao centro, qualquer dos 4 pés, alternando-os ou modificando, conforme solicitação. Onde a sede da decisão para o atendimento e qual o *modus operandi*, aparentemente paranormal, da força ou das forças em ação?... Como responder?

Passam-se alguns meses, desde os fatos até aqui narrados. Agora, sou um estudante de Engenharia Civil, da antiga Escola Politécnica, hoje Escola Nacional de Engenharia. Corre o ano de 1924. Moro com um irmão, estudante de medicina, hoje professor catedrático de psiquiatria da Escola Paulista de Medicina, dr. Darcy Uchôa, em pequeno quarto de pensão, à rua d. Geraldo, centro da cidade, 54, bem junto à avenida Rio Branco, Rio de Janeiro. Aí, então, se passaram fatos para mim notáveis que relatarei, depondo dentro do espírito que dita este livro.

Egresso da igreja Católica, àquela época, lendo Gustave Le Bon, Augusto Comte, Le Dantec e outros de tônica mate-

Além da Parapsicologia

rialista, julgo-me de todo liberto de preconceitos religiosos, inclinando-me para o positivismo científico, à base de natural tendência para estudos de matemática. Nesse estado de espírito e às voltas com os estudos do então difícil 1º ano do curso de Engenharia Civil, alguns acontecimentos, inegavelmente importantes, agressivamente expressivos para a vida de um jovem, sobrevêm, concorrendo, sobremaneira, para a mudança radical que se operaria nos rumos da minha formação cultural, influindo decisivamente para que, em pouco tempo, me sentisse transformado não só no meu comportamento social, porém, mais ainda, quanto ao novo mundo de interesse que se me abriria no sentido da perquirição no âmbito da metapsíquica ou parapsiquismo. Esse campo de interesse envolveria os fenômenos do espiritismo, conducentes ao estudo no âmbito espiritualista. Referi-los-ei nos termos que seguem.

3) Insólita compulsão!... Estranho acontecimento pela madrugada...

Hospedara-se em nossa pequena pensão um sueco que, apenas de vista, conhecia, pois recém-chegado. Certa madrugada, uma a duas horas, desperto sob o impacto de impressionantes gemidos que partem do quarto vizinho. Imediatamente, vejo-me sentado no próprio leito, sentindo o estranho impulso de aliviar, de curá-lo daquela imensa dor. Interrogo-me a mim mesmo, pois, estudante de engenharia, jamais pensara em curar quem quer que fosse. Assim, demasiado surpreso, antes da resposta, já me sinto como visualizando a fisionomia do enfermo, a ponto de parecer ver-lhe a face e a expressão sofredora. Mais que isso. A esse tempo, já passo as duas mãos sobre essa hipotética e visualizada figura, compelido a fazê-lo e, ao mesmo tempo, raciocinando e reagindo, a perguntar-me se não estaria acaso maluco com tal procedimento. Tudo isso ocorre, ouvindo os gritos de dor. Eis, porém, que, ao iniciar os tais movimentos, sobrevêm o silêncio, cessa o gemido!... Sem nada entender da ocorrência, volto ao normal, sempre inquirindo a mim mesmo um tanto perplexo. A seguir, recomeçam os altos gemidos e me sinto compelido a ir ao quarto vizinho, onde o enfermo, já de pé, parece alucinado, querendo sair. Tomo-o pelos braços e mãos e, fazendo-o deitar-se, começo a fazer-lhe passes sobre a cabeça e até a região do plexo solar, sem me poder deter!... Jamais presenciara tal prática ou dela fora informado!... Ajo como possuído da segurança do alívio, da cura, mas, ao mesmo tempo, perguntava-me o que significaria tudo aquilo. Por que estaria eu com semelhante tarefa?... Braços e mãos esfriam-se-me, durante essa prática de alguns minutos, como se algo gélido lhes impregnasse os tecidos. Súbito, tudo cessa. Temperatura normal de braços e mãos. O enfermo dorme tranquilamente e, assim, permanece até às 9 horas da manhã em curso!... Que haveria ocorrido?... A dona da casa, a bondosa d. Sylvia que também despertara, assistindo ao final das aplicações feitas, pergunta-me, então:

– O senhor é espírita?

Respondo-lhe:

– Não.

Replica-me:

– Quer o senhor acredite, quer não, o senhor é médium curador e alguma entidade espiritual caridosa veio aliviar, por seu intermédio, esse pobre sofredor.

Além do interesse que possa ter esse fato pelas circunstâncias descritas, assume ele a especial importância, que desde então lhe conferi, e, na verdade indiscutível, quando se sabe que o enfermo se achava em pleno acesso agudo de meningite cérebro-espinal, evoluindo sem qualquer tratamento!...

Por falta de recursos, foi entregue à polícia, que o levou à Santa Casa, de onde, feito o diagnóstico, foi sem demora removido para o Hospital São Sebastião, onde veio a falecer seis dias após. Caso incurável por demasiado avançado.

Comentário: Há vários aspectos desse caso que dão o que pensar.

Salientarei, apenas, três:

1°) Estudante de engenharia, então anti-religioso e convencido de ser um materialista, ao despertar uma madrugada, surpreendentemente, pôr-se a visualizar um enfermo postado em outro quarto, com o plano, o nítido objetivo de curá-lo, de

Além da Parapsicologia

aliviá-lo, apesar de tão avesso, naquele tempo, à medicina;

2°) a inspiração da técnica do passe magnético, que nunca vira antes, e, sobretudo, o seu efeito indiscutível, comprovado no profundo sono que se apossa do doente, apesar das dores que sofria naquele acesso agudo de meningite cérebro-espinal, sem haver tomado, até o momento, medicamento apropriado;

3°) A possibilidade da ação curativa a distância, interrompida, talvez, pela influência da emoção suscitada, quando, logo nos primeiros instantes, calando-se o doente, sobreveio o espanto pelo que estava ocorrendo. Quanto a essa possibilidade, aliás, de ação curativa a distância, aproveito a oportunidade para ainda depor positivamente, referindo uma comprovação já, então, de minha própria iniciativa. É que, meses depois, um colega de engenharia (dr. Ernani Machado, atualmente engenheiro aposentado do Ministério da Aviação, residente em Juiz de Fora), foi posto a dormir por ação a distância, a que procedi sem o seu conhecimento, para evitar qualquer efeito sugestivo. Tratava-se, no caso, de crise muito dolorosa de um abcesso no ouvido, já diagnosticado, cujo processo inflamatório muito se aguçara, resistindo aos medicamentos comuns. Dizendo-se muito aflito com a inflamação no ouvido, pediu-me lhe fizesse uma aplicação de experiência (morávamos na mesma pensão, quando ocorreu o caso desse estrangeiro com meningite), pois, disse ele, imaginava ser mais fácil o seu caso que o de meningite do sueco, já relatado. Disse-lhe, então, que aguardasse adormecessem os companheiros de quarto. Enquanto isso, suportasse um pouco, que, depois, oportunamente, iria fazer a experiência. Já decidira experimentar à distância, sem o seu conhecimento... Assim o fiz, com absoluto êxito, deitado em meu quarto e procurando visualizar a zona afetada. Procurava eu, então, o que, no caso anterior, fora espontâneo. Pouco depois, com a sensação de "suficiência" do esforço de mentalização e possível irradiação, encaminhei-me ao seu quarto, encontrando-o em sono tranquilo.

Valerá a pena emitir aqui qualquer hipótese com o intuito de explicar o conjunto das circunstâncias apontadas nesses dois relatos?... Prefiro, por agora, silenciar e passar adiante.

4) Personalidade subconsciente ou entidade outra, habitando outro plano de existência?... E disse o mestre: "pelos frutos os conhecereis"...

Passo ao segundo acontecimento marcante, conforme acentuei. Este, sobremodo interessante, mas de caráter absolutamente diverso. Mesmo ambiente da Rua d. Geraldo, já referido. Havia sido, no ano anterior – 1923 – injustissimamente reprovado em Geometria Descritiva (hoje, posso sem paixão, com verdade, assim dizer), reprovação que me custara a perda do ano, pois adoecera em férias no Norte e não pudera regressar em março. Revolta tremenda em meu espírito contra o então professor catedrático – dr. Henrique Costa... No correr do referido ano, intensificou-se-me o ódio, em consequência de grave incidente em sessão de trabalhos práticos, elevando ao máximo a animosidade de discípulo a professor. Decidi, então, não mais frequentar qualquer aula, nem mesmo apresentar um que fosse dos desenhos (chamados trabalhos práticos) exigidos pelo regulamento da escola para os exames de 1ª época, mesmo que isso me custasse uma segunda reprovação.

Volvidos 2 a 3 meses, certa noite, surge-me a seguinte reflexão:

> Na marcha em que vou, serei com certeza reprovado (isso ocorreu em agosto), pois não frequento aula, não estudo essa matéria (Geometria Descritiva), não vou ter grau anual dos trabalhos obrigatórios, pois deixei de fazê-los e, além disso, aquele professor não me suporta!... Não! Prefiro reagir, programar um estudo, realizá-lo e impor a minha aprovação ao fim do ano, qualquer que seja a atuação daquele professor (aqui nem pensei boa coisa...). Vou, pois, fazer um programa de estudo...

Assim decidido, eis que tomo de um lápis e de uma folha de papel almaço. Começo a escrever sob o título geral – "Programa de Estudos de Geometria Descritiva" – uma série de enunciados de questões, notando, porém, a partir da segunda, que escrevo demasiado rápido. A terceira questão noto que começa a escapar do âmbito normal do curso, sendo que a quarta e a quinta vão bem à frente. Sinto-me, porém, estranhamente possuído

Além da Parapsicologia 49

como de uma certeza de que estava escrevendo algo de sério, de correto e necessário ao meu aperfeiçoamento naquela matéria. Mais ainda. Começo a notar, da terceira em diante, que um impulso incomum aciona meu braço e mão e que me sinto com uma verdadeira "volúpia" de velocidade de escrita, acompanhada de uma certeza de que estou escrevendo o que devo, prosseguindo, assim, célere, decidido. Ao terminar a quinta questão, não posso deter a escrita, e, logo abaixo, escrevo:

> Para os assuntos dessas duas últimas questões, ver a minha Geometria Descritiva das páginas "tanto a tanto"... E a assinatura: "Monge".

A esse ponto, não posso, ainda, deter a escrita e continuo sob aquela forte compulsão, para mim, insólita, extraordinária, surpreendente:

> Dora em diante, serás protegido por mim, mas não te envaideças. Antes, procures ver que isso é permitido porque precisas aprender a não odiar, de vez que é chegada a hora em que precisas mudar o curso dos teus pensamentos, das tuas crenças, para compreenderes o mundo espiritual... etc... etc... Finalizando:

> Mister se faz te concilies com o teu professor e eu te ajudarei nisso, inspirando-lhe simpatia em relação a ti. Urge, pois, que estudes as questões propostas e faças os desenhos (épuras) e os mostres ao teu professor, pondo de lado ressentimentos e ódios. Este é o caminho de um cristão. É o teu caminho... etc... etc...

Surpreendido, estarrecido ante o inesperado dessa ocorrência e a energia firme, tranquila, daquela, pelo menos, suposta, mensagem, fiquei atônito... Na minha família, a esse tempo, não havia espíritas. Sobre espiritismo, possuia no subconsciente o influxo do receio, do temor, por tanto ouvir dizer que quem o estudasse, ou a ele se dedicasse, ficaria maluco... Aconteceria isso a mim, tão inopinadamente levado a tais preocupações?!... E em uma fase em que, ainda muito jovem, me estava dedicando ao estudo de uma profissão?!... Como quer que fosse, tomei a decisão de estudar os assuntos propostos, mas conservar-me firme naquela animosidade extrema contra o professor, decidido a não apresentar-lhe quaisquer dos trabalhos que porventura viesse a executar... Impossível qualquer aproximação com o professor Henrique Costa, tal a conclusão e tal a decisão!...Jamais vira, antes, ao menos a capa da Geometria Descritiva de Monge, obra fundamental dessa disciplina, antiquíssima, própria, apenas, para pesquisa de professores especialistas ou matemáticos investigadores... Qual não foi, pois, a minha surpresa e mesmo emoção, quando, no dia seguinte, na Biblioteca da Escola, verifiquei a perfeita exatidão da indicação dada para o estudo dos assuntos já bem difíceis, envolvendo as quarta e quinta questões!... Isso, recordo, impressionou-me ao extremo. Todavia, permaneci inabalável, quanto a tirar consequências de comportamento social ou moral, particularmente em relação ao citado professor. Escoaram-se dois a três meses. Começou, outubro. Havia feito os três primeiros trabalhos, dedicando-me, de preferência, ao belo problema proposto à terceira questão, que implicava em engenhosa e um tanto complexa figura. Nesse ínterim, ocorreram outros fatos, mas nenhuma outra compulsão sob a responsabilidade do nome de Monge, apesar da "proteção" prometida... Um dia do princípio desse outubro, transformou-se de repente a perspectiva do meu mundo interior – considerei-me demasiado inferior, conduzido por um ódio primário e senti o desejo imenso de compensar tudo isso, passando à luta pela primazia da tolerância, pelo controle dos básicos instintos que alimentam as reações cegas, pelo esforço, enfim, no sentido do perdão aconselhado pelo **Mestre dos Mestres, o Senhor Cristo Jesus**. Assim, pouco tempo depois, eis-me frente ao professor, apresentando-lhe aquele terceiro trabalho, em cumprimento àquela já antiga recomendação que não aceitara até aquele momento.

Apreciando-o, o dr. Henrique Costa, exclama:

– Excelente, como organizou você este trabalho?

Fiquei em dificuldade para lhe explicar como houvera preparado. Como acreditaria que o teria proposto em talvez um ou dois minutos, o tempo necessário apenas para escrever-lhe o enunciado, a grande velocidade?!... Aceitaria ele a informação, quando, naturalmente, particular cuidado e critério, a par

Além da Parapsicologia

de conhecimento amplo do assunto, seriam necessários para que, afinal, na sua solução se dispusesse o desenho tão bem no amplo e caprichado trabalho que lhe apresentei?!... Reconciliamo-nos, agora amigos, mestre e discípulo. E os colegas de turma do 1° ano de engenharia civil, muitos deles, ainda recordarão que me transformei em "explicador de pontos" dessa disciplina, durante os exames que se seguiram...

Comentário: Sob o ponto de vista psicológico, não há como negar valor intrínseco a esse fato. Destacarei alguns ângulos expressivos, como seguem:

1) A forma compulsiva, demasiado rápida, poucos minutos apenas, com que cinco enunciados de problemas relativamente intrincados foram postos para estudo, obedecendo a manifesta e precisa sequência didática;

2) O insólito da apresentação de um suposto instrutor, professor ou protetor, visando a uma reformulação da minha posição em relação ao âmbito moral do meu comportamento para com o professor, com o qual me indispusera e, além disso, o impressionante da precisão da referência feita, com minúcias de páginas e assuntos constantes de um livro antigo jamais visto por mim;

3) O fato aparentemente significativo de que os conselhos, as advertências, até mesmo, posso dizer, as imposições feitas representavam, para mim, segundo pensava, humilhar-me perante o professor, o que correspondia, exatamente, ao diametralmente oposto aos meus sentimentos e firmes resoluções tomadas;

4) Enfim, o aspecto positivo no sentido da boa formação do caráter para um jovem, resultando em que ao ódio, ao primarismo instintivo da reação emocional, até certo ponto explicável, substituísse uma atitude arejada, de mútuo entendimento cristão, decerto benéfica para a preparação do homem de amanhã.

Face a essa ocorrência, relatada sob o n° 4, acabei decidindo-me a algumas leituras visando ao campo espiritualista. Daí, para diante, desenvolveu-se uma série de acontecimentos, de fatos, uns de menor, outros de maior significado, constituindo sempre um estímulo novo ou renovado, implicando contínuo interesse de minha parte por tais estudos. Isso bem será justificado no que apresentarei, prosseguindo este depoimento.

5) Uma antecipação de futuro próximo? Uma estranha coincidência? O que, afinal?

Estudantes, certa vez, em uma tarde chuvosa de um domingo sem futuro, jogávamos um "pôquer inocente". Jogo sem pretensão, à base dos 100 réis e 1.000 réis da magra mesada de duzentos ou duzentos e cinquenta mil, comum entre nós. Prazeirosa e divertida sessão aquela, em que se deu o inesperado e, parece, transcendente fato que passo a relatar.

A certo instante, ao serem baralhadas as cartas, digo: "Amigos, cuidado, comunico que vou fazer um "royal" agora mesmo".

Digo e insisto demasiado no anúncio, aborrecendo até os parceiros. É que, praticamente, seria impossível tal fato, isto é, anunciar-se e fazer-se tal jogo!... Feito o cálculo matemático da probabilidade de acerto, isto é, de se dar o fato previsto, ver-se-á que é da ordem de 1/108. Isso significa que em 100.000.000 de casos se teria a certeza do acontecimento... Pois bem, realizou-se a precognição, a premonição e com um incidente que mais o valoriza. Para quem conhece o pôquer, fácil será aquilatar o ocorrido. Para os que não o conhecem, explicarei sucintamente. Trata-se de, recebendo-se numa distribuição de cartas de um baralho, cinco delas, obtê-las em ordem rigorosa – dez, valete, dama, rei e ás, tudo de ouros. Não o conseguindo na primeira distribuição, numa segunda oportunidade, recebendo do monte restante por troco da ou das cartas não próprias ao jogo planejado, fazer a sequência indicada. Há pessoas, grandes jogadores de pôquer, que confessam jamais haverem conseguido fazer tal sequência do mesmo naipe, e máxima!... Pois bem! Anuncio com ênfase o fato e ele se passa assim:

Começa a distribuição, recebo e anuncio o ás de ouros; a seguir, recebo o rei de ouros e igualmente anuncio, tornando-me aborrecido aos parceiros que se irritam com a insistência; vem a seguir a dama e, depois, recebo o valete de ouros, restando, apenas, o dez de ouros para perfazer o "royal" anun-

Além da Parapsicologia   53

ciado. Todos julgam tratar-se de insistente brincadeira... Aqui acontece o que, a meu ver, mais valoriza, sob certo aspecto, o fato. É que não recebo o dez!... E, ao invés de me decepcionar, tranquilamente comunico:

> Senhores, houve um ligeiro incidente e não recebi o dez!... Todavia, tudo está em ordem e o "royal" será restabelecido. Pedirei uma carta do monte e esta será o dez...

Mostram-me, então, que haviam saído três dez. Digo-lhes, porém:

> Sim, mas não se esqueçam de que espero o de ouros e este não saiu e virá para mim!"... Lanço uma carta à mesa e recebo, em troca, o dez de ouros anunciado, perfazendo essa raríssima combinação em sequência máxima, cuja probabilidade ínfima de realização já acentuei!... No momento, constituiu verdadeira estupefação!... Ninguém acreditaria, pois, de fato, era inacreditável... Estava completo o "royal", apesar da mínima probabilidade assinalada, correspondente à relação matemática, agora apenas de leve modificada, face ao acontecido com o recebimento do dez de ouros na segunda rodada.

Comentário – Como se haveria processado o mecanismo dessa previsão? Algo que estaria por acontecer foi captado com segurança e mais: a compulsão incontrolável do anúncio prévio, a insistência?!... Por que via, certamente extra-sensorial, se haverá instalado no meu cérebro tal premonição?!... O incidente da falta do dez de ouros e a certeza límpida de que ele viria, como se tudo isso, que ainda não se realizara, já existisse para a minha mente e minha consciência?!... Como explicar o anúncio, a antecipação feita, impregnada de viva certeza do acontecimento a realizar-se?!... Seria justo perguntar se esse mecanismo inconsciente não corresponderia à capacidade, já de si supranormal, de ver a disposição das cartas, antes de serem distribuídas, e daí, em rápida síntese decorrente desse conhecimento, a previsão feita?... Mesmo essa hipótese não me parece aceitável, pois durante o anúncio, as cartas ainda estavam sendo baralhadas!... Essa hipótese só serviria para o incidente final do dez, configurando o que seria um fenômeno de clarividência, como já indiquei, extra-sensorial, supranormal. Se assim é, isto é, se não aceita a clarividência e esta ainda incapaz de explicar a totalidade das circunstâncias da ocorrência, parece-me difícil fugir à conclusão de que se está em face da superação do tempo e isso tem implicações muito amplas que, aqui, não cabem, discutidas ou exploradas, tal a sua importância, o seu significado surpreendente e intrinsecamente revolucionário...

6) Uma vidência supranormal?... Uma alucinação casualmente expressiva, adequada a um fim?...

Corria o ano de 1929. Como companheiro de trabalho nos Serviços de Melhoramentos da capital – Vitória – do Espírito Santo, o meu mui estimado colega e amigo, o engenheiro Fábio de Macedo Soares Guimarães, hoje geógrafo de renome nacional. Morávamos juntos, no mesmo quarto de um pequeno edifício na rua Nestor Gomes. Era sempre discretamente respeitoso em relação a quaisquer acontecimentos que lhe fossem referidos e implicassem fenômenos metapsíquicos, jamais manifestando para eles qualquer tendência ou interesse. Certa noite, depois de conversarmos bastante sobre os mais variados assuntos, em que dominaram os mais comuns daquela boa fase da existência – os nossos 23 anos de idade – demo-nos "boa--noite", para dormir.

Conciliara o sono o meu amigo, quando, de repente, vejo, nítido para o lado da parede, como que bem junto ao meu leito e fixando-me com fisionomia enérgica, o vulto de um senhor de idade. Lembro-me de que, no momento, tive esse pensamento rápido: estou deitado, isso aqui é parede, esse vulto está dentro da parede, logo só pode ser do astral!... A presença daquele vulto tão próximo de mim dá-me aquela sensação que se tem quando uma pessoa de nós se acerca demasiado, levando-nos a preferir afastarmo-nos um pouco. Exatamente o que faço, mesmo deitado, afastando-me devagar, da posição inicial junto à parede, para o lado oposto, para a beira da cama. Nesse ínterim, observo-o com segurança e, ainda hoje, volvidos 40 anos, a nitidez da sua fisionomia ainda se me acha presente!... Re-

Além da Parapsicologia

cordo-lhe os mais insignificantes sinais que, adiante, indicarei. Extinta essa visão, firma-se-me no espírito a sua extraordinária semelhança com um meu conhecido – o sr. Batalha – então diretor dos correios e telégrafos naquele estado.

Na manhã seguinte, digo ao meu amigo Fábio de Macedo Soares: "Ontem, logo que você adormeceu, aconteceu-me um fato interessante e transcendente..."

O meu amigo responde: "Já estará você com outra daquelas suas estórias?"... (Referindo-se por certo a alguns desses fatos relatados, que já conhecia)... Digo-lhe então:

"Sim, uma vidência bem nítida... E o mais interessante é que vi um senhor de idade, de fisionomia enérgica, fitando-me insistentemente, muito, muito mesmo, parecido com o senhor Batalha!..."

Quando assim falei, o meu amigo, como surpreendido, interessou-se logo para que lhe descrevesse as minúcias da sua fisionomia, se possível... ou se me lembrasse. Digo-lhe, então: "Descrevê-la-ei bem, pois a fixei perfeitamente. Era assim:..." e lhe descrevo com minúcias, desde a forma do repartido do cabelo, a energia do olhar, os lábios finos, maçãs das faces um tanto salientes, ostentando magreza, até arrematar, reafirmando a extraordinária parecença com o sr. Batalha... Visivelmente emocionado, diz, então, esse prezado amigo:

"Você não podia fazer descrição mais perfeita de meu pai!... E eu me interessei na descrição, porque você falou na semelhança com o sr. Batalha, pois, toda vez que vejo o sr. Batalha, sempre me lembro de meu pai, como se encontrava, emagrecido, pouco antes de falecer".

De fato abre a mala e de lá tira um retrato do pai, com os traços perfeitos que houvera eu assinalado, com a restrição natural do aspecto, então, forte, sadio, do tempo em que se fotografara...

Comentário

1°) Não há dúvida: está aí relatada uma alucinação visual... Muito bem!... Persiste a pergunta: explicará essa alucinação visual surgir nas condições descritas, reproduzindo a figura do pai desse meu amigo, a ponto de sugerir a sua grande semelhança com o sr. Batalha, das nossas relações comuns?... Se eu próprio me achasse em estado de um transe qualquer hipnótico, ou mesmo dormindo, poderíamos, pensar que, nesse estado, se havia tornado fácil captar aquela imagem, com todas as suas características, no subconsciente ou inconsciente do meu amigo que já dormia. Seria uma hipótese para a explicação do fato, se bem que, por si só, ainda constituísse um mundo de enigmas. Supus, ou ainda hoje suponho, que, ao perceber a visão, estava plenamente consciente, quando, na realidade, não o estava?... Mesmo assim, o que importa bem considerar é que foi observado o suficiente para um juízo, uma apreciação e uma conclusão bem chegada à realidade...

2°) A hipótese de uma entidade espiritual que produzisse a aparição descrita não será digna de apreciação? Ou melhor, em determinadas circunstâncias, uma criatura qualquer, no caso, eu próprio, não poderia dispor de outros recursos de percepção, além dos habituais? E, nesse caso, ser capaz de entrar em sintonia com outras formas de vivência ou melhor de existência, que escapem às percepções normais?... Se bem que, cientificamente, ainda haja milhões de dúvidas e pontos para apurar, ou mesmo, repito, se bem que a ciência tenha suas razões muito sérias para ainda não aceitar a sobrevivência, perante o seu próprio desenvolvimento e vertiginoso avanço em todos os campos, não será lícito, mesmo no campo científico, considerar essa hipótese, nem que seja como hipótese de trabalho?... Aqui fica esse caso, sugerindo, não há dúvida, essas indagações, que, afinal, se resumem na pergunta: poder da personalidade subconciente, existência de insuspeitados recursos no ser humano, por um lado e, por outro, sem contradição com essa hipótese, a real existência ou permanência do ser após a morte, em sua essencialidade e capacidade operacional, em determinadas circunstâncias? Que fale o futuro...

Além da Parapsicologia

Capítulo II
Do efeito curativo: Magnetismo curador?
Cura supranormal?

Como venho fazendo, ater-me-ei ao fato, ao depoimento, com apenas pequenos comentários, deixando ao leitor julgar ou opinar. Entre muitos e muitos, selecionarei uns poucos, porém expressivos e que, pelas circunstâncias, parecem situar-se na área pelo menos do inabitual e, quiçá, alguns deles, na do supranormal. Antes de prosseguir, observo que no Capítulo I – "Primeiros Acontecimentos", o relato de n° 3 já acentua a manifestação de inegável efeito curativo, cuja causa, no momento, se me afigurou estranha, inesperada, surpreendente. Estaria esse caso bem colocado neste Capítulo em que me refiro à cura, perguntando sobre a sua natureza: "Magnetismo curador? Supranormal?" Pedirei ao leitor relembrá-lo aqui.

7) Nevralgia na cabeça... Cura supranormal?

Vejo-me em Recife, 1935, agora Capitão do Exército, em serviço na 7ª Região Militar. Alguém me diz:
– Sabe? o Afonso[1] está passando muito mal de terrível nevralgia na cabeça, há cerca de uma semana. Não consegue sossegar. Há várias noites que não dorme, mesmo com fortes analgésicos". Logo depois, casualmente, encontro esse colega, disfigurado pelo sofrimento. Interrogando-o, confirma seu estado e ansiedade resultante da forte nevralgia que o acometera. Sem pensar, digo-lhe:

---

[1] Capitão Afonso Souza Gomes, hoje general da Reserva, a esse tempo Ajudante de Ordens do Comandante da Região em Recife, general Rabelo.

– Hoje à noite, irei a sua casa. Você dormirá bem e ficará bom. Falei e depois fiquei a interrogar-me sobre a promessa feita. Seria cumprida? Como? Que aconteceria? À noite, às 21 horas, vou ao quarto de meu colega. Ficava em um terceiro andar muito escuro, sótão de um casarão antigo, cuja velha escada de acesso, em parafuso, jamais esquecerei... É que lembro, quando a subi, me sentia muito tranquilo, como sob a sensação de leveza... O meu amigo passeava nervoso de um lado para outro. Surpreende-se com a minha presença. Digo-lhe: "Prometi e aqui estou". Ao entrar, peço-lhe um lápis e um papel, sentando-me à sua pequena mesa Pergunta-me: "Onde devo ficar?" Indico que se sente à cama, tenha paciência e espere um pouco... Começo então a escrever: "Fizeste bem em vir, hoje, aqui, etc... etc..."

Logo à primeira frase, ouço o ressonar maciço do meu amigo que se havia atirado ao leito de costas, permanecendo pés e pernas para fora. Dorme, enfim, profundamente. Nada havia eu feito, além de estar presente... Calmamente, termino o pequeno escrito, cujo teor não interessa aqui. Tomo-lhe, em seguida, as pernas. Acomodo-as no leito, movimentando bastante o colega enfermo, que mesmo assim não desperta. Em seguida, sinto algo estranho, impulsionando-me a fazer-lhe passes, particularmente, à zona da cabeça, até o plexo, operação em que sentia como que os antebraços e mãos esfriados. Isso, porém, foi rápido. Deixo-o a dormir tranquilo... Manhã seguinte, às 9 horas, com quase 12 de sono reparador, desperta de todo restabelecido o meu amigo e... espantado com o que ocorrera. Lembrava-se, apenas, da minha chegada ao quarto... Sei, hoje, que esse fato é "célebre" na sua família. Haja vista a forma por que, há certo tempo, me apresentou ele, hoje oficial general da reserva, à sua esposa, antes mesmo de pronunciar-me o nome:

– Está vendo este homem?... É o da estória da minha cabeça...

A senhora pergunta-me:

– Ah! É o senhor o homem da estória da cabeça dele? Respondo:

– Sim.

E ela continua:

– Essa estória ele conta e a repete, sempre que oportuno, a parentes e amigos...

Além da Parapsicologia

Comentário: Poder-se-ia dizer: coincidência a ida ao quarto com a melhora do enfermo, O leitor porém, considerará que já outras "coincidências" me haviam ocorrido, sempre sob circunstâncias especiais. Ademais, quando do encontro fortuito com meu colega, momento em que lhe disse de súbito: "Irei hoje à noite ao seu quarto, você dormirá e ficará bom", donde essa certeza? Principalmente, como essa capacidade operante de realizar a promessa, sendo eu um leigo em medicina, consistindo em um fato único na vida desse amigo, raríssimo, em qualquer parte, no seio de qualquer família?!... Convenhamos que dá o que pensar... com tanto mais razão, quanto "coincidências" análogas e algumas ainda mais extraordinárias ocorreram na minha vida, como verá o leitor...

8) Uma experiência feliz...

Algum tempo depois do fato citado, ocorrido em Recife, já agora em Icaraí, certa noite recebo um cartão do meu amigo dr. Clóvis Santiago, já falecido, então presidente do Clube Central, em Niterói, muito aflito e mais ou menos nestes termos:

– Capitão, meu filho está passando muito mal, com dores agudas. Seu médico, o dr. José Carlos, disse nada poder fazer, que o seu coração não resiste aos medicamentos que seriam indicados. Por favor, venha até cá vê-lo e tentar alguma coisa, etc...

Adolescente de 14 a 15 anos, tendo enfermado, algum tempo antes, de "Coréia", nada restabelecido, com o coração muito dilatado. Com uma grave inflamação de fundo infeccioso na articulação de um dos joelhos, em crise aguda de dor, arquejava o jovem em acentuada dispnéia, próximo a um ventilador, naquela noite quentíssima. Família reunida, clima de tensão emocional, em ambiente triste. Chego, aproximo-me do enfermo, sem lhe dirigir uma palavra. Permanecem alguns membros da família próximo ao leito. Concentro o pensamento na irradiação de energia de cura, agora já tocado esse pensamento de contrição mística, como um pedido ao **Cristo Jesus**.

Não faço passes: apenas as mãos espalmadas voltadas para o jovem, como a se constituírem centros de irradiação energética. A respiração logo se amplia. Desligo o ventilador.

Dentro de poucos minutos, dorme tranquilo o jovem enfermo, para espanto geral e meu próprio. Um a um todos desfilam, passando junto à porta entreaberta do aposento, para verificarem a ocorrência, entreolhando-se admirados. O doente desperta bem disposto e sem qualquer dor à manhã seguinte, não sendo mais acometido de qualquer sofrimento desse tipo, até o seu falecimento seis a sete meses depois, em decorrência da evolução da enfermidade já crônica que o acometera...

Comentário: Aí, o efeito terapêutico foi pronto, indiscutível. Quais as forças, as energias em causa? Magnetismo, projeção mental orientada, dirigida pela vontade? Que mecanismo atuante, que técnica operacional? Como se haverão dado as reações curadoras na intimidade do organismo físico ou psíquico do paciente? São "coisas" dignas de pensar e perquirir... Não seria correto, porém, deixar de consignar que, em casos como esses descritos e os demais que se seguirão, sempre sentia como uma presença forte, apoiando-me, inspirando-me, ao mesmo tempo em que me mantinha oferecendo as energias do meu organismo em benefício do objetivo a que visava. A esse tempo, sempre sentia, nesses momentos, como algo que me impregnasse braços e mãos, projetando-se adiante, sensação essa que, posteriormente, se modificou, como acentuarei mais tarde, ao viver fatos bem mais impressionantes...

9) Interrompe-se uma crise de colite

Um meu tio, o saudoso dr. José Oscar de Mendonça, viera de Aracaju, bem doente. Era lá chefe do Serviço de Construção de Rede de Águas e Esgotos, à responsabilidade do Escriturário Saturnino de Brito. Havia tido crises agudas muito graves. Diagnosticaram: apendicite, com indicação operatória... Consultou o notável especialista dr. Silva Mello, que após apurado exame, diagnosticou com precisão – colite. Muito delicado o caso de meu tio.

Entrega o dr. Silva Mello o paciente aos cuidados de uma sua enfermeira de confiança, em cuja casa se hospeda. Após a última radiografia, atendendo-o, disse-lhe o médico dever es-

Além da Parapsicologia

perar a eliminação do citobário, antes de iniciar a medicação. Nesse dia, às 16 horas, sobrevêm-lhe terríveis dores, que mais se intensificam, configurando o quadro de nova e violenta crise, à semelhança das já experimentadas. Às 19 horas, 3 horas depois, encontro-o nesse estado, contorcendo-se em sofrimento, teimando, porém, em não medicar-se, suspeitoso de complicações... Penalizado de tanto sofrimento, proponho-lhe a experiência de por as minhas mãos sobre o seu ventre. Responde:

– Faze o que tu quiseres. Será uma experiência para ti e para mim.

Imponho-lhe as mãos sobre o ventre, pressionando de leve num ponto e noutro, com a firme concentração no efeito curativo, nas condições já descritas nos outros casos. Em poucos minutos, meu tio senta-se rapidamente, apalpa todo o ventre com desusada energia e até excitação, exclamando:

– Extraordinário, extraordinário, como é possível?!...Sinto-me perfeitamente bem.

Digo-lhe, então, que, no momento, deveria descansar, dormir. Retruca-me:

– Tu sabes que, mesmo bom, só durmo depois da meia-noite. Como queres que, assim, excitado, durma agora, às sete?

Respondo-lhe:

– Perguntei, apenas, se o sr. queria dormir? Faço-o deitar-se, impondo-lhe uma mão sobre a testa, outra sobre o plexo solar, sem pronunciar uma palavra. Em menos de um minuto, ei-lo dormindo profundamente...

O interessante, porém, é que desperta, no dia seguinte, eufórico, feliz, sem nada sentir, começando 24 horas depois (48 horas após o início da crise), o tratamento preconizado pelo especialista. Recupera-se totalmente, sem mais qualquer dor.

Comentário: Aqui, o que ressalta é o fato de uma grave crise de colite, em um enfermo já bem sofrido desse mal, ser cortada dessa maneira empírica, estranha, só com a imposição de mãos sobre o ventre, nas condições descritas. Ainda mais: não se trata de um alívio passageiro, hipotético, mas efetivo, que se estende no tempo e perdura, propiciando-lhe aguardar o início do tratamento prescrito. Demais, quando das aplicações de analgésicos comuns, via de regra, a dor passa por momentos, para retornar mais tarde exigindo outras doses... No caso, alguns minutos de imposição de mãos traz um efeito duradouro, permitindo intrínseco alívio ao paciente. O efeito curativo, aí, encontra-se agressivamente presente. Magnetismo curador? Que teria acontecido? Sugestão sem uma palavra e sem credenciais quaisquer do operador, no caso eu, um simples engenheiro, oficial do exército, muito longe de qualquer credencial médica?... Será assunto para pensar?!...

10) Um desafio... E uma prova

Certa vez, vou ao dentista, o dr. Sérgio França, organizador e diretor da então Assistência Dentária Santa Apolônia, na praia de Botafogo. Diz-me esse caro amigo, ao iniciar-me o tratamento:
– Você, hoje, antes de sair, fará uma aplicação de passes em mim. Estou com forte e rebelde dor nas costas.
Procuro demovê-lo do intento e ambos debatemos o assunto. Eis que sobrevém um seu colega vizinho de clínica, surpreendendo-nos em tal conversa, ao que exclama:
"Que estória é essa? Só fetichistas acreditam nisso..." E, sem a natural consideração que a mim deveria (pois jamais o vira), alongou-se em reflexões pouco lisonjeiras, dando-me até a impressão de grosseria... Discutem os dois... O pesado diálogo termina com o seguinte desafio do recém-chegado:
"Estou, por exemplo, com forte dor de cabeça! Vou lá admitir que uma coisa dessas, um passe, me cure disso? Não tome eu os meus remédios e acredite nessas coisas!... etc..."
Após o tratamento dentário, dirijo-me, com o meu amigo, o dr. Sérgio França, para o compartimento vizinho, onde iria atender à solicitação feita, apesar de relutante em fazê-lo... O dr. X (não lhe recordo o nome) decide acompanhar-nos, sendo obstado pelo colega, que exclama:
– Você é um elemento negativo, por sua descrença. Não venha, pois prejudicará o meu tratamento.
Interfiro, no momento, dizendo:
– Sérgio, chame o seu amigo descrente. Insisto em que o chame e o faça assistir à experiência.

Além da Parapsicologia

Assim foi feito... Próximo a nós, senta-se o dr. X. Com surpresa para mim, volto-me para ele que tão hostil se mostrara àquela hipótese de cura e digo-lhe: "Quer permitir-me pôr as mãos sobre a sua cabeça? Somente isso, mais nada. Quer? Permite?..." Responde-me:

– Não admito isso conforme o senhor sabe, mas se quizer, pode pôr as mãos sobre minha cabeça.

– Muito bem, quero! – respondo eu.

Recordo que senti logo estranha energia apoderar-se de meus braços e mãos. Ergo-os bem alto e baixo a mão direita, pousando-a sobre a parte superior da cabeça do dr. X. Tenho, no momento, a sensação de que lhe estou aplicando um potencial energético que não posso e, talvez, jamais poderei definir ou aquilatar! Muito menos, suponho, jamais compreenderei bem o mecanismo do que se passou, principalmente, pela rapidez da ocorrência... O dr. X sente-se mal e levanta-se cambaleante, nervoso, excitado, mas com as pálpebras cerradas, sem poder, nem de leve, abri-las... Deixo-o alguns poucos segundos, talvez 10 a 20, nesse estado, a tentar, sem resultado, abrir as pálpebras com os próprios dedos, dizendo-se tonto e sentir-se mal. Faço-lhe rápida imposição de mãos sobre a testa, retirando-as bruscamente para os lados, em direção horizontal. Atônito, o dr. X abre os olhos e exclama:

– Que coisa estranha! Que coisa estranha!...

Digo-lhe então:

– O principal é que o senhor está curado! Onde está a sua dor de cabeça? Diga-me, onde está?

Espantado, temeroso mesmo, exclama:

– Realmente, nada sinto. Estou curado...

Ambos saíram eufóricos da experiência, que não durou mais de dois a três minutos (se tanto!...). Soube, depois, que o dr. X comentara: "Foi a maior lição da minha vida! Jamais falarei daquilo que não conheço..."

Comentário

Seria fácil dizer:

"Explicação muito simples. O dr. X entrou em catalepsia, cerrando-se-lhe as pálpebras, perdendo o controle dos músculos que as movimentam..." Vamos convir, porém que foi uma estranha catalepsia essa, feita e desfeita em menos de um minuto, sem qualquer técnica hipnótica e até com a declarada animosidade contrária do paciente!!! Mais ainda: Donde veio a certeza, que compulsivamente afirmei, da cura de sua forte dor de cabeça?!... E o mais interessante: está curado, meio assombrado sob o impacto do que acontecera tão rapidamente! Hipnose, magnetismo curador, irradiação de força vital, algo supranormal? A rigor, pensando bem, jamais pude responder e deixo aqui a pergunta, fácil, talvez, para os precipitados, sem vivência pessoal, mas que se julgam donos das soluções, por jamais haverem participado de experiências análogas...

11) Superado o sofrimento de uma bursite

Minha irmã Lourdes, começa a sofrer, intensamente, de uma bursite na articulação superior do braço esquerdo, quando de visita a nossa casa, em Resende, em companhia do marido, dr. Odilon Mascarenhas, médico. A situação agrava-se, apesar da medicação ministrada, visando ao efeito analgésico, tal o seu sofrimento. Desejava ganhar algum tempo para, liberada a filha dos exames ginasiais naquela cidade, retornar ao Rio, para as aplicações de radioterapia no HCE.

Certa noite, encontro-a em lágrimas e desespero, o braço imobilizado, sem posição alguma de alívio, confessando o marido a ineficácia de todos os recursos, até então, tentados. Não podia deitar-se ou recostar-se, achando-se, no momento, em uma cadeira comum, o braço pendente e em dores insuportáveis. Havia muito, estava longe de tais experiências ou preocupações respeitantes ao magnetismo de efeito curador... Tal o quadro, porém, que, sem perda de tempo, decido agir. Mando-a sentar-se à cama. Peço ao cunhado médico que se sente próximo e permaneça calmo. Iria experimentar mais uma vez... Em poucos minutos, com alguns passes e imposição de mãos, Lourdes acomodada no leito, dorme tranquilamente. Amanhece sem qualquer dor e, assim, permanece alguns dias até poder retornar ao Rio em companhia da filha. O braço continua imobilizado, mas a provação dor houvera sido superada. Não mais sofreu. No

Além da Parapsicologia

H.C.E. (Hospital Central do Exército), submeteu-se a aplicações radioterápicas, restabelecendo-se completamente. A dor havia se despedido com a simples imposição de mãos, naquela noite!...

Comentário: Repito as interrogações já postas: Magnetismo curador? Hipnose atípica? Algo supranormal?... A verdade, porém, que aqui deponho, é que, nesses momentos, sinto algo estranho, um tanto compulsivo, ao mesmo tempo que uma forte impressão de irradiação ou de emissão de uma energia que estaria eu como que recebendo e transmitindo... No caso em apreço, como explicar que a dor não haja retornado, passando Lourdes alguns dias sem medicação alguma, até ser submetida à radioterapia?!... É evidente que, se um produto medicamentoso qualquer houvesse produzido tal resultado, seria um grande êxito. Mais uma droga na competição comercial... Mas trata-se apenas de uma imposição de mãos. Qual o mecanismo real de tal efeito curativo? Energia magnética, física, etérica, projeção mental, suscitando auto-hipnose (nem uma palavra de sugestão fora proferida), que se teria passado enfim? Não dará para pensar e inquirir?

Deixo agora de referir muitos fatos análogos aos já descritos, sobre efeitos curativos, para penetrar em uma área da mesma natureza, é verdade, mas em que os fatos se apresentam em hierarquia mais elevada, sugerindo agressivamente o supra-normal, pelas condições em que se passaram. São eles de tal natureza que sou obrigado a perguntar-me:

"Devo dar-lhes publicidade? Estarei querendo passar por possível milagreiro? Ao juízo do leitor, não passarei a figurar como um suspeito visionário, inventando coisas, numa auto--promoção ridícula, inaceitável?!..."

Ao decidir-me a escrever este depoimento, decidi, também, submeter-me a qualquer julgamento, a qualquer conceito da boa ou má fé, nada importando mais que a exatidão das descrições e a honestidade dos propósitos que o ditam. Continuarei, pois, dentro desse espírito, quaisquer que sejam as apreciações ou conceitos que possa esse depoimento suscitar. Sendo assim, prosseguirei.

12) Evidência de uma atuação supra-normal?!... Estranha sub ou super consciência, mestre Filipe? O que?!...

Corre o ano de 1954. Sou, às pressas, chamado a Alagoas. Meu pai, Alfredo Uchôa, gravissimamente enfermo. Tivera um enfarte medicamentoso em grande área do ventrículo esquerdo. Imprudência de um farmacêutico (bem intencionado). Aplicara-lhe, quando desacordado, em choque, por penicilina, 7 (sete) injeções, inclusive 3 (três) de adrenalina. Isso em um homem de 77 anos! Depois de 10 dias de luta, em uma segunda-feira, o médico cardiologista que o tratava, o dr. Cláudio, nos diz, a mim e a meu irmão, dr. Darcy Uchôa, também médico e psiquiatra:

– Nada há mais que fazer. Até que, afinal, o coração do "velhinho" se entregou.

Deixou, praticamente, de assisti-lo, por desnecessário. Nós, os 3 (três) filhos presentes, passamos a aguardar o colapso final. Na quarta-feira, porém, chamamos outro médico, de grande nome local, o dr. Sebastião da Hora, já falecido. Apreciado o eletrocardiograma e examinado o enfermo seu amigo, assim se expressa, então, esse clínico:

– Tenham paciência. Nada há que fazer, nada possível! O que vai matar seu pai, homem de 77 anos, mataria, com certeza, um jovem de 25 anos...

Fica, então, o enfermo sem mais tratamento e as crises se sucedem, pulso a extinguir-se e pressão evanescente. Chega-se, assim, nessa expectativa, nessa luta, aquela, para mim, memorável noite de sexta-feira para sábado, 17 de agosto de 1954!...

É, então, que se dá o acontecimento provavelmente supranormal da sua cura, ou melhor, do marco inicial de sua rápida recuperação, convalescença e cura!... Que se explique tudo pela coincidência, pelo acaso etc..., mas ninguém poderá fugir ao supranormal, ao considerar as circunstâncias do fato, em que se destaca a firme segurança com que foi anunciada a próxima recuperação do enfermo, não obstante os prognósticos médicos serem fechados, julgados seguros, quanto ao desenlace. Assim acontece:

À noite de sexta-feira, debate-se ansioso e fraquíssimo o enfermo, em sua tenda de oxigênio. Cerca de meia-noite, agra-

Além da Parapsicologia

vando-se mais esse estado, ficamos a seu redor: eu, meu irmão, dr. Darcy Uchôa e o meu tio Ildefonso Uchôa...

Lembrando-me de outros eventos, sugerira que deveríamos, reunidos, procurar ter calma, serenidade para ministrar-lhe passes, orando todos em seu benefício. Assim o fizemos e o "milagre" se dá: meu pai recupera-se e vive mais 4 (quatro) anos!... Que se passou, então, e como? Eis exatamente o ocorrido:

Meu pai, Alfredo Uchôa, apresentava pulso fulgidio, feições afiladas, sugestivas de desenlace final, que esperávamos a todo momento, desde 3 a 4 dias. Fico no interior da tenda de oxigênio e procuro concentrar-me ministrando passes. Cansado, retiro-me da tenda. Persistimos todos, junto ao leito. Insisto, procurando concentrar-me na oração, mas continuo com a impressão de impotência, como se o – nada – me respondesse, se o –vácuo – se houvesse feito a meu redor. De repente, no lusco-fusco do ambiente, vejo, nítida, a figura de um grande amigo, sr. Sevananda, em sua túnica cinza, fitando-me expressivamente. Tenho um susto e me sobrevém grande emoção, que, de pronto, já me embarga a voz, a palavra. Procuro dizer a meu irmão! "É mestre Filipe"... As sílabas partidas, com a emoção intensa e progressiva, já não me permitem ser entendido. Sinto-me possuído de um estado como de transe absolutamente consciente, as lágrimas banham-me as faces, incontroláveis, as mãos erguidas e espalmadas são postas em direção ao coração do enfermo. Nesse estado, vejo-me como tomado por um fluxo luminoso que, ao atingir-me, se reflete, dirigindo-se ao doente. Prossigo, então, dizendo estas palavras, ininteligíveis no momento, dada a perturbação vocal, mas que indelevelmente se fixaram, memoráveis, na intimidade do meu ser e que anunciam, com impressionante precisão, a cura, a recuperação próxima de meu pai... Foram elas, precisamente:

– Consegui a graça de prolongar a vida de seu pai. Veja! Estou tonificando o seu coração... Mas, olhe! Diga-lhe, uma vez recuperado, que isso é uma transação, olhe bem!... Uma transação! Quero dele a reconstituição do seu ambiente espiritual!...

É tal, porém, o meu estado, apesar da plenitude da consciência, que meu irmão não entende uma só palavra e eu, para dizer as palavras acima, repetindo-as algumas vezes demorei, talvez, mais de 20 minutos!... Cessado esse estranho, inesperado e atípico transe, Alfredo Uchôa, meu pai, achava-se absolutamente tranquilo, como em sono reparador. A meu irmão e tio, presentes, repito as palavras pronunciadas de modo confuso, afirmando a certeza de que o doente estaria salvo. Não seria mais daquela vez que morreria... De fato, no dia seguinte, à minha irmã Lourdes Mascarenhas, assim falei:

– Tenho cem por cento de certeza de que nosso pai não morrerá desta vez. Como tudo se passou por meu intermédio e desejo tanto a sua vida, aceito a possibilidade de minha influência pessoal no acontecido! Tirarei, por isso, cinco porcento! Mas ficarão noventa e cinco por cento dessa certeza!...

No dia seguinte, domingo, admirado de encontrar o doente ainda vivo, comparece o médico assistente – o dr. Cláudio – e atesta que algo diferente se estaria passando no seu organismo!... 8 (oito) dias depois, em franca convalescença, retira-se Alfredo Uchôa do Hospital. Recupera-se e vive mais quatro anos, vindo a falecer, então, de um processo cerebral. Sua vida, tudo indica, houvera sido de verdade prolongada!... Pelo menos, tudo aconteceu segundo as palavras do transe descrito. Deu-se até que, ainda no Hospital, na semana seguinte a tal evento, espontaneamente, diz meu pai:

– Sabem vocês? Parece que esta moléstia veio para modificar-me em certas coisas. Mandem-me chamar o Maia... (dr. Alfredo Maia, então residente em Maceió – AL). O dr. Maia até o momento seu desafeto, por antigo e forte incidente, prazerosamente atende e os dois se reconciliam. Esses e outros fatos vieram mostrar alguma coisa notável, no sentido de sua atitude espiritual em relação com a exigência das palavras do transe, pronunciadas naquela, para nós da família, célebre madrugada de 17 de agosto de 1954...

Comentário: Será possível negar o caráter transcedental desse fato?!... Dessa cura antecipadamente afirmada, quando só restava, desde quatro dias, aguardar o colapso final?!... Que se haverá passado? Personalidade qualquer minha, subcons-

Além da Parapsicologia

ciente, mas no caso estranhamente superconsciente, (pois no plano consciente só se esperava o desenlace...) possuir esse extraordinário poder de prever a cura, anunciá-la e promovê-la?.!... Como hipótese de trabalho para pesquisa científica, admite-se, dado que o ser humano, sob muitos aspectos, ainda é um condensado de incógnitas, até de mistérios, "esse desconhecido" de que fala Alexis Carrel. Todavia, para mim, ouso apenas postar-me naquela posição "Shakespeariana", voltado para a convicção interior que consagra a afirmação desse gênio do pensamento universal:

> Entre o céu e a terra, há muita coisa que a razão humana desconhece...

Nessas condições, parece justo formular, também, a hipótese da existência objetiva do mestre Filipe, em um plano de vida diverso do nosso e que, por caminhos ou processos ainda não conhecidos, pudesse acorrer àquele ambiente, decidir e atuar no sentido da cura!... Para mim, parte que fui na ocorrência, essa é uma hipótese quase imperativa!...

Observação interessante, minúcia aparentemente insignificante, mas que merece ser apreciada, por inegavelmente expressiva, é o fato de, havendo eu visto nítida (alucinação visual que seja!...) a figura do sr. Sevananda, meu amigo e conhecido também de meu irmão, residente em Resende, no momento, ao invés de dizer: "É ou vi, ou estou vendo o sr. Sevananda..., afirmei logo: "É mestre Filipe!" E mais ainda, prossegui falando, então, na primeira pessoa, como se ele falasse por minha boca, numa compulsão efetiva, inexorável, sob o impacto da qual, conscientemente, como que me encontrava identificado com a personalidade daquele mestre, que teria sido, no princípio deste século, notável médico francês. Não há dúvida de que poderei concluir haver nesse caso muito em que pensar... para aquele que porventura deseje nele aprofundar-se, buscando-lhe uma explicação ou uma interpretação...

Acrescentarei, aqui, que o caso a seguir, envolvendo, também, a possível transcendental atuação de poderosa personalidade superior, ainda "supostamente" o mestre Filipe, complementa o anterior, pois este o inspirou e motivou. Comprova-se o exercício de um extraordinário poder revitalizante e, em consequência, curador, numa ação que libera de um estado de coma, de muitos e muitos dias, um jovem oficial do nosso exército, vítima de grande desastre. Os céticos dirão sempre: "coincidências" e "acasos"... Demais, como já acentuei, sem vivência desses casos, difícil, se não impossível, será opinar com justiça... Faço questão de frisar, mais uma vez, que me submeto à apreciação ou ao julgamento do ceticismo, do orgulho científico, ou do espírito de ridicularia, com a serenidade interior de quem cumpre um dever...

13) Outra vez a mesma pergunta: capacidade ainda desconhecida da sub ou superconsciência? – Mestre Filipe? Uma confirmação, mas de que?...

Vão-se quatro anos desde o fato anteriormente narrado e comentado. Mais uma vez, de um acontecimento fora do comum me estaria reservado participar. Aqui, a mesma tônica: fato de tal ordem que o mais simples, o mais repousante para o pensamento que prefere estratificar-se ou congelar-se, será negá-lo ou, então, passar à frente, dizendo: simples coincidências, "aconteceu", nada prova, etc... Não importa. Relatarei, fiel ao espírito do depoimento que venho apresentando.

Em Salvador, Bahia, no Hospital das Clínicas, vítima de sério desastre de motocicleta, jaz em estado de coma, há vários dias, um jovem oficial de nosso exército, ten. José Bendocchi Alves. Complicara-se o caso, ainda, com uma fratura exposta, levando a estado infeccioso, com febre muito alta. Filho esse oficial de família católica, parecia não haver ambiente para experiências de cura, em que se pudesse pensar tratar-se de prática de espiritismo. Agrava-se demasiado o caso. Perdidas as esperanças dos médicos assistentes, inclusive destacados professores de medicina da faculdade local.

Sabendo dessa situação, ocorre-me tentar a experiência. "A minha personalidade subconsciente, inconsciente ou super-consciente que seja" ou então, "o mestre Filipe", como já referido, que houvera curado meu pai (?), não poderia também salvar

Além da Parapsicologia

aquele jovem, tonificando-lhe a vitalidade, reequilibran-do-lhe o organismo, sujeito a tão violento impacto?". Essa a interrogação. Esse o intenso desejo de provar, que me invadiu. Agora, seria uma polarização provocada, seria a busca consciente, pelo desejo e pela vontade, daquelas condições que, espontaneamente, presidiram a cura de meu pai. Haveria bom êxito? Seria digno de tentar. Obtenho a autorização do pai do enfermo.

Às 11 horas da noite, entro no quarto do jovem que se encontra em coma, além de muito febril, não obstante os milhões de unidades de penicilna já aplicada. Presentes apenas um casal de tios, seu pai – o cel. Antônio Bendocchi Alves – o cel. Milton de Azevedo, então chefe do Estado Maior da 6ª Região Militar e, ainda, um contraparente meu – O dr. Waldemar Gomes, que me acompanhava.

Procurando concentrar-me, tenho a incômoda sensação de imergir num ambiente escuro, desagradável, onde fios elásticos se achassem tecidos ou postos, dificultando movimento, luz e vida. Vejo-me como que dotado de estranho poder, impregnado de energia luminosa de tônica azulada que era como que emitida e se projetava ao redor, vencendo a negatividade circun-dante monótona, fria, deprimente. Permaneço numa espécie de luta, em plena consciência, durante mais de 1/2 hora, interrompendo esse trabalho, exausto. Atuara, no decorrer desse tempo, compulsivamente, sem planejamento, sem técnica... Sinto que devo prosseguir, uma vez refeito. À meia-noite, reinicio o trabalho, ainda de caráter compulsivo. Já, agora, me sinto tomado de uma energia como de tônica mais elevada, mais irradiante, plena de vitalidade, que se transmitisse eficazmente sobre o enfermo, impregnando-o totalmente. Sinto, no momento, como se uma grande presença dirigisse meus gestos, meu pensamento, meu esforço. Nenhuma palavra pronunciada. À uma hora da manhã, encerra-se esse trabalho.

No dia seguinte, pela manhã, recebo do general Carvalho Chaves, comandante da Região e do seu chefe de Estado Maior Cel. Milton Azevedo, a gratíssima notícia: "A febre declinara, apresentavam-se os primeiros sintomas da saída do estado de coma, o que ainda não acontecera, nem de leve; todas as esperanças renasciam em relação à cura do jovem oficial. E assim se dá... Aquela noite tornara-se o "divisor de águas": para um lado o desenlace, para outro a vida física. O jovem o transpusera... Estava salvo... e algum tempo depois voltava à tropa. Ao despedir-me de seu pai – o então cel. Antônio Bendocchi, comandante do 199 B. C. – ao deixar Salvador, tive a ventura de ouvir desse prezado amigo: "Digam o que disserem, acreditem ou não, mas eu e minha senhora estamos convencidos de que nosso filho nasceu a segunda vez, quando você entrou no quarto, naquela noite".

– Terei entrado só?... Com a bagagem apenas do meu mundo inconsciente ou subconsciente, servindo-me desse suporte tão extraordinário, para resultados dessa natureza?... Ou, no mundo invisível, uma personalidade superior – O mestre Filipe – houvera por bem medicar, a seu modo, o jovem enfermo, mobilizando energias curativas dos planos sutis, ainda não conhecidas pela medicina atual?... Essa a grande pergunta, no caso. E essa pergunta justifica-se quando a medicina oficial, ali muito bem representada, já não via caminho para a cura...

Comentário: Não haverá um conteúdo de valor especial nesse fato, de vez que, inicialmente, foi imaginado ou projetado como a confirmação, ou não, da capacidade curadora revelada, de modo espontâneo, no fato anteriormente descrito?!... E esse conteúdo de valor não estará, de certo, patente na integral confirmação da possibilidade curadora tão objetivamente demonstrada no caso já visto, de meu pai?!... "Poder de personalidade subconsciente" ou presença atuante de uma personalidade superior, operante no plano invisível? Como optar por uma ou outra dessas hipóteses?!... Para quem analisa de fora, é justa a pergunta, a postura do dilema, da opção, a dúvida, a interrogação... Para mim, porém, não é bem o caso. Tive parte nos fenômenos Vivi-os intrinsecamente. Tive a sensação perfeita, a viva e segura impressão, como antes já disse, de uma presença supra-normal, cuja irradiação energética me envolvia, impregnando-me todo o ser, constituindo este como que um condensador e, ao mesmo tempo, irradiador de uma energia que se projetava tal e qual uma luz de tônica azulada brilhante, penetrante, que iria fevivificar todo o organismo físico e psíquico do

Além da Parapsicologia   73

enfermo, conferindo-lhe condições de sobrevivência... Quaisquer que sejam as interpretações, uma, pelo menos, deveria ser afastada no caso: a da hipnose. É que, em ambos esses casos, os enfermos se encontravam absolutamente inconscientes e, além disso, nenhuma sugestão lhes foi feita, nem qualquer gesto conducente à indução hipnótica poderia, então, ser percebido, pois além de assim, inconscientes, de há muito se encontravam de olhos cerrados. Este o depoimento. A interpretação, a explicação, enfim, para os que melhor souberem, melhor entenderem... Também ficará para os afoitos, como sói acontecer, para opinarem, pontificarem nos mais variados problemas, agora o digo, com a suprema ignorância ou desconhecimento do assunto em tela.

Talvez já me esteja tornando por demais longo. Todavia, devo prosseguir ainda um pouco nesse campo, agora, porém, com dois outros fatos selecionados dentre muitos, apresentando característica diferente da dos apresentados até aqui. Serei breve, porém, cumprirei o meu propósito, depondo com exatidão.

14) – Uma cura "atípica" para o clínico interessado... Outra teria acontecido?

Havia feito, com bom êxito, uma experiência de magnetismo curador, aplicado à sra. M. Lassance, esposa de um juiz fluminense, caso de sinusite purulenta, aparentemente séria. Clinicamente curada, impressiona esse caso a um seu sobrinho, o dr. F... Certa vez, desorientado este, em sua clínica, com o caso de uma criança com febre alta e a ter convulsões, sem que pudesse, apesar da luta e observação de 6 dias, identificar qualquer afecção orgânica, comenta o fato com a sua tia... Esse jovem médico mostrara-se interessado em apurar como teria sido possível a tia curar-se daquela maneira, surgindo daí a idéia de convidar-me para um teste no caso. Aceito, encontramo-nos em casa do dr. Roberto Cotrim, também médico e descrente do valor desses processos. Recebidos por sua esposa, a sra. Graciema Cotrim, já preocupada pela resistência da enfermidade não diagnosticada à medicação até então ministrada pelo dr. F., no momento o mais interessado na experiência por fazer. Com febre alta, prostrada no colo materno (filha de uma empregada da casa), limito-me a impor-lhe as mãos sobre a nuca e região do plexo solar. Assim faço por uns 10 a 15 minutos apenas, sem, porém, sentir nada de anormal comigo próprio, nenhuma das sensações ou impressões de força, poder ou presença estranha, como hei referido em outros casos. Ali estou, apenas, pela ação de presença, sem fazer qualquer esforço de concentração ou visualização. Sinto-me, apenas, muito calmo e como que psiquicamente leve (se assim posso dizer). Diz então o dr. F.:

– Está suspensa toda medicação, até segunda ordem, depois que aqui voltar e verificar o estado da criança.

Isso se dá às 12 horas. Fica de tomar-me para nova visita às 18 horas. Então, a essa hora, procura-me risonho e surpreso. Perguntei-lhe:

– De que se trata, dr.? Vamos até lá?

Responde-me:

– Sim, vamos. Vim de lá. A menina está restabelecida. Depois de sua saída, a febre começou a cair. A criança está brincando e como não há órgão algum afetado, considero-a curada!"

Confirmou-se isso e nenhum de nós lá regressou a partir de então, pois a criança ficara de plena saúde.

Comentário: Aduzi este caso por sua tônica diferente. Penso que o relato já o indica. É que apenas compareci ao local, deixando de tomar qualquer iniciativa, a não ser, quase mecanicamente, efetuar a imposição de mãos, sem pronunciar qualquer palavra, sem um gesto expressivo. Aqui, seria um caso bem diferente ao relato sob o n° 7, da nevralgia na cabeça, quando se poderia dizer que o oficial, meu amigo, haveria entrado em transe hipnótico, sugestionando-se, face à minha presença e disposição de curá-lo. Neste, em se tratando de uma criança em estado de prostração, até um tanto sonolenta, como hipnose sem uma palavra? Sem um gesto próprio?... Apenas, a colocação das mãos na nuca e no plexo!...

Assim, que hipnose?... Magnetismo curador? Na verdade, é como se houvesse processado uma transfusão de energia. Mas, mesmo nessa hipótese, qual o critério, a orientação técnica da aplicação feita, a medida do "bastante" ao fim a que visava?!...

Além da Parapsicologia

Para atender às implicações contidas nessas perguntas, teria havido uma capacidade subconsciente de minha parte? Nesse caso, de que maneira, onde e como, haveria eu colhido experiência e conhecimentos necessários para tal técnica de cura, já agora subjacente no âmbito do meu *underground* psicológico? Outra hipótese: No momento, teria sido apenas dócil instrumento de uma personalidade superior, invisível, que utilizasse as energias em presença, segundo perfeita técnica para nós desconhecida, no sentido da cura rápida, integral, da criança?!... Apresento as hipóteses, deixo as perguntas e prossigo, referindo os dois últimos casos de cura de que tratarei neste depoimento. Estes, agora, de caráter muito particular, por configurarem casos típicos, que por certo agradam e dão convicção, apoio e fé aos espíritas.

15) Um caso espirita? Uma feliz casualidade, ou ainda um acontecimento inexplicável?...

Há pouco tempo, no curso de algumas experiências de magnetismo curador, sou procurado por uma sra., que referiu ter uma filha, a srta. René, então cliente do dr. Oliveira Belo, que vinha enferma, havia cerca de dois anos. Estava na sala fora, mas desejara ela (a mãe) explicar o caso sem a sua presença. De há muito, sofria de fortes ataques, em que se prostrava inconsciente, debatendo-se como em grande sofrimento. Após voltar ao estado normal, passava dias e dias sem se alimentar, achando-se visivelmente enfraquecida e muito pálida. Aliás, naquele dia, já tivera um desmaio na sala de espera do consultório médico do dr. Belo, junto ao qual nos encontrávamos. Durante dois anos, já se tratara com vários facultativos, inclusive, com conceituado médico do Hospital da Aeronáutica, segundo informou a referida senhora. A srta. René é chamada à minha presença. De fato, o seu aspecto sugere abatimento, sofrimento e fraqueza! Pois bem! Ficou boa de repente e naquele instante, praticamente sem tratamento! Deponho aqui com exatidão. Assim aconteceu:

Ao aproximar-se a jovem, tomo-me subitamente de uma estranha compulsão consciente e exclamo, voltando-me para a sra. B..., mãe da jovem, como que a interpelar-lhe:

"Mas a senhora disse que sua filha estava muito doente?!... Como assim? Ela nada tem, não tem moléstia alguma. A senhora está admirada?... Mas isso é a verdade..." (À medida que assim falava, pensava eu na responsabilidade do que dizia, eu próprio surpreso pelo andamento do que anunciava...)

"Sim, ela tem algo, mas não é moléstia alguma. Tem a aproximação espiritual de uma criatura boa e muito sua amiga, que a vem perturbando demasiado e fazendo-a até enferma, por ignorância, por inconsciência, enfim, do que está causando!..." Nesse ponto, a sra. B... diz:

"Interessante, minha filha, o que o coronel está dizendo! Lembro agora que você adoeceu depois da morte da sua maior amiga, da Verinha..."

Digo, então, em forma ainda compulsiva:

– É essa mesmo, essa Verinha – prossigo eu – que, inconscientemente, está produzindo todo esse distúrbio. É criatura muito boa!... Vai afastar-se e a srta. vai sair daqui completamente boa!..."

Posto isso, concentro-me no ideal de cura, visualizando uma irradiação azulada que a envolve, protegendo-a, revigorando-a e equilibrando o seu organismo físico abatido e o seu psiquismo, também, sensivelmente atingido. Já não pronuncio qualquer palavra e, nesse estado, a impressão nítida, segura, de uma proteção superior que a envolve e cura. Logo a seguir, digo-lhe:

– Pronto! A srta. já nada tem. Quero vê-la sorrir, antes de retirar-se.

Soube depois que, chegando à residência, disse:

– O Cel. disse que eu estava boa. Estou mesmo. Estou me sentindo bem e com muita fome...

Passados 3 dias, retornou ao nosso ambiente, boa, desejando até apresentar-me o noivo. Chegando atrazado, não a vi dessa vez. Falou-me, então, uma sra. que lá a vira três dias antes:

– Que aconteceu?!... Aquela moça, que aqui desmaiou, voltou hoje completamente restabelecida e feliz!

De fato, consolidou-se a cura e, certa vez, retornando à minha presença, achei-a muito eufórica, alegre e feliz, quase

Além da Parapsicologia

irreconhecível!...

Comentário: Que dizer, que comentar?! Num lapso de poucos minutos, nas condições descritas, obter-se tal resultado?! Hipnose? Que mágica hipnose, sem hipnotizador e sem paciente hipnotizado?! Hipnose tem, ou melhor, exige uma técnica... Convenhamos que a literatura desse gênero não consigna fatos dessa natureza. Se a jovem não experimentou nenhuma das fases de hipnose?!... Mesmo assim, se hipnose, bendita hipnose!... Mas casos desses com os grandes hipnotizadores, onde? Dois anos de sérios distúrbios organo-psíquicos, com tratamentos clássicos de toda ordem, ineficazes, serem superados em uma reunião apenas de alguns poucos minutos?!... Convenhamos que é algo em que pensar... e que não serão preconceitos científicos, filosóficos ou religiosos que devam impedir ou dificultar o estudo sereno, imparcial, objetivo e profundo desses fenômenos, em que uma realidade supra-normal se desenha, procurando afirmar-se, oferecendo perspectivas novas para o trabalho, para a pesquisa e aperfeiçoamento do homem de hoje e de amanhã... Magnetismo curador, implicando a ação de personalidade subconsciente do operador, mais sábia, incompreensivelmente mais capaz sob certos ângulos, mais rica de poder operacional nesse campo? Personalidades ou entidades de planos sutis, das quais não seremos nós senão pálidos instrumentos?... Sempre aqui a pergunta. E a resposta? Que a dêem os sábios ou os audazes!. Quanto a nós... caminheiros da grande jornada, sem sabedoria e sem tônica de aventuras, recolhamo-nos esperançosos, confiantes e decididos, àquela vida interior onde silenciam os tumultos e onde o espírito procura elevar-se à suprema verdade...

Capítulo III

Dos efeitos físicos:
luminosos, de transporte, etc

Daqui para diante, outra é a natureza deste depoimento. Até o momento, tenho sido parte ativa, tenho vivido o acontecimento relatado. Agora, serei o observador, aquele que vê, assiste, analisa, conclui e... então, se supõe credenciado a depor. É o que farei. O depoimento, que se segue, encerra muito e muito de "absurdo", realmente "inacreditável". Fosse eu um estranho a esse campo e seria o primeiro em relutar e em reservar-me zelosamente, quanto a aceitar os fatos. Há, na verdade, o inacreditável, muita coisa demasiado agressiva, chocando-se com os dados, com as contingências da nossa vida em um espaço tridimensional. Na realidade, só no plano abstrato nos sentimos libertos do tridimensionalismo da forma em manifestação, isto é, só superamos essa limitação quando abandonamos a objetividade das coisas ou seres circunstantes. Então, habituados a conceituar a realidade, de acordo com as imagens que formamos desses seres ou dessas coisas, assim limitadas e, por outro lado, condicionantes de todo o mundo fenomênico que afeta a sensibilidade, a percepção e afirma a consciência, não há como fugir, honestamente, ao tremendo impacto de uma fenomenologia estranha que viria impor integral reformulação dos conceitos básicos da nossa cultura, em particular os que se encontram à base da física e da biologia. Não cabe, aqui, alongar-me nessas considerações de teor filosófico. Digo esse pouco, com a segunda (e justa) intenção de motivar o leitor e, ao mesmo tempo, com outra segunda (e justa) intenção de, antecipadamente, preparar os inadvertidos para não se perderem demasiado em reações apressadas, precipitando julgamentos e situando-se na falsa posição, que o preconceito sedimentado sempre oferece e que jamais serviu ao progresso da própria ciência e da cultura. O leitor deve preparar-se para aquele "tremendo impacto" já referido. Caso contrário, poderia até dizer:

– Nem vale a pena prosseguir a leitura...

Sim, ler para dizer: "Esse general é um visionário, andou sonhando e, agora, acordou para nos contar!..." Não creio haver nisso qualquer proveito... Tenho sido testemunha de muitos fatos extraordinários, demasiado chocantes. Ater-me-ei, porém, apenas a alguns selecionados, os quais tentarei apresentar com a mais perfeita exação.

16) Uma estranha e surpreendente fotografia

Como subdiretor do Ensino Fundamental da Academia Militar das Agulhas Negras, sempre fazia acompanhar meus relatórios de gráficos indicativos de aproveitamento no ensino das várias disciplinas. Tomo alguns deles e dirijo-me à Seção de Fotografia. Estávamos às vésperas do Natal e, então, achava-se dispensado o fotógrafo procurado. Um funcionário da Academia, de boa vontade, porém pouco prático nesse mister, o sr. Adalberto, prontificou-se a fotografá-los.

Alguns minutos após, esse funcionário disse achar-se o negativo de um deles prejudicado. Estava cheio de manchas. Examinando-o, aos poucos foram aparecendo vultos, a começar pela fotografia de uma moça de longos cabelos, ligeiramente inclinada e um pouco de lado. Ao centro, um jovem fardado, com uniforme de Marinha e, mais ao lado, um senhor um tanto calvo, de certa idade, usando gravata e solenemente apresentado. Colocado o negativo na posição de diagonal, aparece, quase ao centro a cabeça de um velho, de nariz aquilino, com farta cabeleira, a qual se projetava um pouco sobre a testa. Ao lado, ainda se via a fotografia do busto de uma jovem como bem preparada, um tanto arrogante. Afinal, sobreveio a última descoberta à observação minuciosa feita: a fotografia, corpo inteiro, de um gaúcho, demasiado alto, com chapéu e botas características. Só tive de lamentar que o funcionário, não sendo técnico e, além disso, bastante surpreso com tudo isso, não se desse conta da deficiência da fixação empreendida, explicando-se assim, em poucos dias, haver desaparecido parte das figuras no negativo. Todavia, vindo ao Rio e trazendo-o, um amigo técnico conseguiu, ainda com ele, duas fotografias: a do Oficial de Marinha e a do senhor ao lado. – Isso ocorreu às 14 horas, da maneira mais inesperada. O curioso é que as figuras iam surgindo das manchas brancas que íamos observando, sendo que a última só apareceu algumas horas depois.

Comentário: A bem da verdade, só tenho de acrescentar que, de há muito, comentava eu já haver observado fenômenos supranormais em vários locais e na minha própria residência, nas condições mais favoráveis de controle, mas que só me faltava obter fotografias...

Haverá esse fato sido a resposta do Invisível aquela minha condição? Nesse caso, haveria uma consciência que percebesse a falta e decidisse preenchê-la? E mais, havia tido a capacidade para executar a decisão?!... Por outro lado, nesse caso, como compreender ou explicar a formação dessas imagens? Em que, sendo real o fato, poderá o físico, por exemplo, fundamentar qualquer hipótese explicativa? Que "elementos", que "coisas", que "seres", que "realidades ou supostas realidades", haveriam interferido, absorvendo uns, emitindo outros raios luminosos e determinando essa formação de imagens tão estranhas, justapostas, tomadas de uma só vez?... Outra explicação do acontecimento? Outra hipótese? Que hipótese? Sobre o gráfico de aproveitamento de ensino de Geometria Analítica, aparecerem tantas fotografias! Essa hipótese, única possível, não posso fazê-la. Deixo-a ao leitor se a quiser esposar... pois, é evidente, só há uma:

> eu, juntamente com o improvisado fotógrafo, teria arranjado as fotografias e, com cuidado, tê-las-ia espalhado ou distribuído sobre o gráfico por fotografar...

Seria demasiada desonestidade... Repugna-me prosseguir... Analisaremos detidamente na segunda parte deste livro.

Além da Parapsicologia

17) Luz "inexplicável"... Até um susto!...

Tenho um prezado amigo, Nelson Rocha, residente em Niterói, que possui, tudo o indica, qualidades para a produção de certos fenômenos excepcionais, como terei oportunidade de relatar. Começarei aqui. Com a presença desse amigo, a que os espíritas chamariam – um médium de efeitos físicos – feita a obscuridade, obtêm-se impressionantes fenômenos luminosos. Pequenos focos de luz, ora como se fossem rosas brancas iluminadas, ora de luz brilhante, ora fosca, com várias tonalidades de colorido, ora uma luz apenas em evolução calma no ambiente, ora com rapidez incrível, traçando simples curvas ou formando até trajetórias mais complexas, ora amplos clarões que iluminam todo o recinto, com intensidade que vai desde a discreta, como se estivesse velada, até ao máximo de ofuscar, tudo isso, afinal, constitui um conjunto impressionante de manifestações, difícil, se não impossível de explicar, face ao habitual, ao que estamos acostumados a ver, ou mesmo, e melhor, face ao que a física ou a química nos possa oferecer nesse sentido!... Pois, aqui, a pergunta; onde a fonte dessa luz? A sua natureza?... Lanternas ou dispositivos quaisquer elétricos? Combustão de algumas substâncias em arranjos adredemente preparados para mistificar? Utilização, em alguns casos, de material fosforescente, com habilidade, visando a iludir os inocentes? Quem sabe se uma dessas hipóteses, ou mesmo todas elas, não sejam utilizadas a serviço de uma acentuada capacidade de prestidigitação? Em tudo isso, é justo, e mesmo necessário, pensar!... E tanto mais justo, quanto mais se desconhece o real condicionamento desses fenômenos! Todavia, conhecendo-os bem, com a tranquilidade com que os conheço e tenho apreciado e analisado no meu próprio lar, a posição será outra: será a daquela pergunta que nos vem acompanhando, de há muito, ao longo desta exposição!... Como explicar?... Convidarei a pensar... relatando... ainda.

Em minha própria sala de estar, a família e alguns amigos reunidos. Iniciam-se os fenômenos e a luz se amplia e se intensifica, vendo-se o meu amigo Nelson Rocha plenamente iluminado, em sono profundo, como em estado cataléptico... Não se

82   A. Moacyr Uchôa

percebe a origem, o foco irradiante dessa luz. Ela aparece em clarões sucessivos, às vezes mais demorados, sem oferecer qualquer possibilidade de hipótese sobre sua forma de produção. Por outro lado, o seu aspecto é estranho: um brilho e uma tonalidade até aqui inimitáveis por nós! O meu amigo Nelson Rocha coloca-se junto a mim. Seguro-lhe as mãos, controlando-lhe os movimentos e a sala toda se ilumina a esse indefinível, extraordinário e belo clarão!... Mais ainda... Aqui, o fenômeno cresce (descrevê-lo-ei melhor mais adiante), pois muitas vezes tem acontecido, com essa extraordinária luz, iluminar-se, no meio da sala, um vulto envolto em pesada roupagem de seda branca, ostentando, algumas vezes, uma outra luz discretamente colorida que parece movimentar-se em torno desse vulto, dando ao conjunto um aspecto maravilhoso. E que, além da roupagem de seda, que já tive, muitas e muitas vezes, a oportunidade de apalpar, examinar, cobre-lhe ainda amplo véu branco e vaporoso... Que dizer de tudo isso, no próprio lar, sob as mais perfeitas condições de conhecimento do ambiente e de controle?... E ainda se acrescentar que tudo isso, há alguns anos passados, era obtido com esse amigo Nelson Rocha, rigorosamente algemado, amarrado, o que, hoje, já não fazemos?!... Um pouco, talvez, mais impressionante que isso, pelo inesperado, só o fato em conexão com esses que, sucintamente, relatarei a seguir:

Hora de dormir!... Lembramo-nos, eu e minha esposa, de fazer uma experiência utilizando pequeníssima lanterna, presente dado ao nosso filho Paulo Roberto, uma criança àquele tempo, em Resende. A minha esposa procura acioná-la com maior habilidade possível, procurando imitar algumas das aparições luminosas, que se haviam dado, algum tempo antes, durante a reunião normal.

Sem conseguir qualquer êxito, coloca a lanterninha de lado. Eis que fenômenos luminosos sobrevêm, em nosso próprio quarto, quando, por duas vezes, vimos, estarrecidos, como pequena explosão de luz, cerca de um metro acima do leito, a qual se projetava no espaço, descrevendo uma pequena parábola para o seu lado!... Tivemos viva emoção, pois o que vimos, e tão inesperadamente, no nosso próprio quarto, foi demasiado objetivo... e, quiçá, expressivo. Sim, tudo se poderia passar

Além da Parapsicologia

como se nos dessem, com luz, esta mensagem:

– Se vocês têm dúvidas quanto à luz, então vejam, aqui mesmo, neste quarto...

Comentário: Aceito que esse relato seja demasiado forte para quem quer que o leia!... Chego a pensar que jamais deveria arriscar-me à publicação, pois, verídicos, autênticos, que implicações no campo da física, da química e mesmo da biologia!... Representam relatos como esse tal desafio à ciência atual, que um homem sensato deveria cobrir-se de censuras e "maus juízos", silenciando-os. Mas já disse: persistirá até ao fim desse depoimento aquela tranquila decisão pela **verdade**... quaisquer que sejam as opiniões, os julgamentos...

Então, como considerar tudo isso?... Que tipo de energia será manipulada para essa exuberante produção de luz?!... Será de caráter elétrico ou magnético, sofrendo os trâmites necessários para se resolver em luz?!... A sua fonte? Será uma decorrência do campo bioelétrico presente, talvez, em todo organismo vivo e, consequentemente, no ser humano?!... Esse conjunto de condições energéticas, que presidem ao psicossomático no homem, não estaria aí, na raiz desses fenômenos de produção luminosa?... É muito provável! Mas só isso estará implícito nesses fenômenos? Se eles como que revelam uma sequência, uma gradação e, muitas vezes, uma intencionalidade como bem claro ficou nas parábolas luminosas que, surpresos, observamos no próprio quarto!... Demais, os fenômenos mais simples do mundo físico, produzidos e estudados nos laboratórios de física ou química, referindo-nos particularmente, aqui, aos de óptica, quando se apresentam, exigem um conhecimento, uma técnica. Como, então, tudo isso, se não sob a condição de um conhecimento, de uma técnica que manipulasse, no caso, uma ou várias fontes luminosas ou, então, um tipo de energia que em luz se resolvesse, à forma já descrita?... E, nesse caso, onde a sede desse conhecimento, dessa capacidade de realizar essas luzes tão patentes a qualquer observador?!... Não me cabe responder e, sim, depor e, no máximo, pois esse é um direito secular da consciência ou da curiosidade humana, inquirir, perguntar, na esperança de que um dia haja resposta.

18) Transporte de cravos e rosas

O que vou relatar, se autêntico, como fato em si, habitualmente o digo, superaria, sob o ponto de vista científico, tudo o que até aqui se teria realizado no campo da energia atômica. Pois, como não ser assim?... Nesse caso, a ciência vai-se, pouco a pouco, assenhoreando da intimidade dos corpos, até penetrar-lhes os arcanos, atingindo a infraestrutura atômica, devassando-a e dominando a técnica da liberação do mundo de energia condensada, concentrada no interior do núcleo atômico. Aqui, não! Toda uma reformulação de conceitos, uma nova vista ou perspectiva há que se abrir, oferecendo um caminho, uma via, a qual o espírito tem de percorrer, desde o princípio, para, então, construir, talvez, uma ciência nova ou, pelo menos, um domínio de conhecimento completamente novo. É que os fatos são agressivamente absurdos, demasiado contundentes, face à nossa vivência tridimensional, face aos nossos conceitos de espaço e tempo...

Ora, a nossa ciência ocidental, acadêmica, oficial, repousa sobre esses conceitos. Isto é tanto verdade que, agora, já vemos um eminente cientista, o professor Rhine, da Universidade de Duke, passar a ser acusado de místico, só por haver concluído, depois de exaustivos experimentos, que os fatos da precognição existem e isso representa a superação do tempo e que os fatos de clarividência existem e independem do espaço, resultando, segundo afirma esse professor, que eles serão inexplicáveis não só no âmbito da física atual, como não têm perspectiva de o serem face ao que dessa ciência, no momento, cumpre esperar... Seriam extra-físicos.

Na verdade, para explicar-se a passagem de objeto material através de corpos opacos, nas condições que este depoimento consigna, só mesmo uma ciência nova, talvez uma realização de vivência nova, com o surgir e desenvolver-se de outras faculdades do homem, ou, pelo menos, de outras vias de penetração da realidade... Deponho assim:

A muitas e muitas reuniões já houvera assistido com transporte de flores, cravos e rosas... Esta, porém, que vou descrever, apresenta um incidente de alta valia comprobativa. Recinto pe-

Além da Parapsicologia

queno. Uma sala com cerca de 12 pessoas, rigorosa e fiscalizadamente fechada, controladas com segurança todas as vias de acesso. Com a presença do mesmo amigo já referido – Nelson Rocha – se passa o fenômeno. Na obscuridade, começa a manifestar-se, dirigindo-se a um e a outro, um personagem que fala de forma sibilante, como aperfeiçoado assobio. Para a maioria dos presentes, espíritas convictos, seria Atanásio, que houvera sido companheiro de Nelson Rocha, havendo falecido aos 16 anos. Para outros, cépticos e curiosos apenas, algo que nem procuravam explicar; limitavam-se a assistir. Para outros ainda, inclusive médicos, possivelmente, a personalidade subconsciente de Nelson Rocha, o médium, segundo a terminologia habitual.

Depois de uma série de fenômenos luminosos análogos aos já descritos no caso anterior, depois de diálogos interessantes sobre vários assuntos, quase ao fim da reunião, pergunta a tal entidade manifestante – ou Atanásio – "Gostam de flores?"

– A maioria responde:

– Sim, todos gostamos! – Ouve-se, então, a mesma voz, a mesma palavra sibilante:

– Então, eu vou buscar uma braçada para vocês!

Passam-se alguns poucos minutos... Chove torrencialmente e o médico dr. Abdo Ab-Râmia, clínico em Niterói, que lá se encontrava pela primeira vez, comenta, ao meu lado, insinuando, talvez, uma contra-prova, e em voz baixa, para mim: "Coronel, chove muito. Seria interessante que essas flores viessem molhadas!...". Concordei que sim. Lopo após, sente-se aquele ambiente abafado transformar-se. Sobrevem agradável ventilação perfumada, como de jardim em noite amena... Todos assim se manifestam, acusando essa forte impressão de mudança. De repente, noto que se me põem às mãos enorme "buquê" de cravos, muitíssimo perfumado e mais, eles me são postos de encontro ao rosto e me sinto bastante molhado, fruto da profusa água que escorria!... Esse "buquê" foi levado de mão em mão, verificando todos como, realmente, se encontrava encharcado... molhando alguns. Logo após, acende-se a luz. Lá está o belo "buquê" com 160 (cento e sessenta) cravos, enormes talos, tudo indicando como se fossem mui recentemente colhidos. A quantidade d'água fora tal que ainda se viam manchas em diversas partes do assoalho, naquela hora, molhado. E, ainda mais, ao iluminar-se a sala, lá está esse piso cheio de pétalas de rosa que foram, em profusão, atiradas sobre os assistentes!...

Ficarei, aqui, na descrição desse fato, apenas acrescentando que assisti a análogos, dezenas de vezes, sempre investigando e fiscalizando, com rigor, as condições de sua produção. Será de interesse, porém, para este depoimento, dizer que, certa vez, comentando uma visitante, a sra. Cilene de Morais, que jamais estivera naquele ambiente, achar-se com a garganta irritada e que só viera pela extrema curiosidade em presenciar aqueles fatos, lhe foi dito:

– Então, eu vou buscar umas balas para você! – Ao que comenta sua sogra, ao meu lado e bem baixo:

"Ela gosta muito de bombons!" – Diz a mesma voz: "Então eu vou buscar bombons". Alguns minutos após, é despejada sobre seu colo, enorme quantidade de bombons paulistas, bem graúdos. Ao fazer-se a luz, todos se servem largamente. Alguns, como eu, ainda levaram vários para a própria residência...

Passa-se o tempo e, por último, na minha própria residência, acontecem fatos análogos!...

Sala do apartamento, Avenida Ari Parreiras, 28/401 – Icaraí – Niterói.

Marca-se uma reunião desse tipo. Maioria de familiares, achando-se presente o dr. Darcy Uchôa, atualmente professor catedrático de psiquiatria em São Paulo, meu irmão. Antes da chegada do médium Nelson Rocha, minha esposa, Ena Uchôa, disse:

– Vou tirar aquelas flores que se encontram sobre o piano, para que, se houver algum transporte, não se possa pensar em quaisquer flores existentes aqui, nesta sala".

Retirou-as para a área de serviço. Após algum tempo, chega Nelson Rocha, sozinho. Cumprimenta todos e permanece em conversa com o dr. Darcy Uchôa. No mesmo local em que se encontra, senta-se para o início dos trabalhos. Alguns 30 minutos após, a reunião se inicia com 12 pessoas presentes. A sala absolutamente fechada; sob controle, todos os acessos. Demais, qualquer abertura seria denunciada pela luz exterior. Feita a obscuridade, luzes se formam e se movimentam na sala. De repente, tudo cessa e começa a falar Nelson Rocha, como se fora outra personalidade – José de Castro. Diz, dirigindo-se à minha esposa, Ena Uchôa:

– Minha amiga, porque tirou você as flores daqui? Não sabe quanto gosto de flores?

Como insistisse, Ena Uchôa procura desculpar-se do melhor modo... Depois de dar algumas instruções quanto ao andamento da reunião, cala-se e os fenômenos luminosos prosseguem. Começam alguns dos assistentes a ser tocados por uma mão que se mostra iluminada, aplicando-se espalmada em suas cabeças. Sentem perfume líquido, inundando-lhes o cabelo. Vejo, nitidamente, passar-se isso com a pessoa a meu lado: a sra. Regina Uchôa, a esse tempo noiva de meu filho. Chegando a vez, então, de minha esposa, depois de lhe serem tocados os cabelos e a testa, sente ela algo que lhe cai ao colo. Dá-se conta, de imediato, ser um enorme "buquê" de rosas, com muita folhagem e logo se viu, pela movimentação decorrente da emoção, atingida por espinhos. De fato, acesa a luz, está ali perante todos nós, surpresos, estarrecidos, um "buquê" de 37 rosas bem frescas, como recentemente colhidas: Vermelho-escuras são 34 e mais 3 botões brancos ao centro. Apresentam talos de 30 a 40 cm, cheios de espinhos e muita, muita folhagem! Seria como se cada rosa correspondesse a um galho de roseira!... Pensamos todos, desde logo, como seria possível, àquela hora, conseguir tais flores? Isso às 10 horas da noite, em Icaraí, onde nem casas de flores havia!... Apesar do absurdo evidente, de vez que Nelson Rocha fora o único em chegar de fora, procuramos arrumar por desencargo de consciência e mesmo rigor de investigação, o tal "buquê" sob o seu paletó. Torna-se a tentativa até cômica... pois, vê-se logo, nem a quarta, quinta ou sexta parte de tal volume poderia ser dissimulada, tal a folhagem e tais as dimensões dos talos das belas rosas!... Não há dúvida, consumara-se o impossível: o 'buquê", não se sabe onde, nem como, fora apanhado, transportado e posto, intencionalmente (?), sobre o colo da senhora Ena Uchôa. E, para isso, teve de penetrar, não se sabe como, naquele recinto rigorosamente fechado, de um apartamento no 4° andar!...

Comentário: Hipnose? Sugestão coletiva? Hipóteses superadas pela permanência efetiva, após a reunião, dos objetos transportados: cravos, rosas e bombons. Em verdade, findas as sessões desse tipo, persistem esses objetos passíveis de minucioso exame por quem quer que seja e, costumeiramente, muitos são levados para as residências dos diversos assistentes, onde podem ser apreciados por seus familiares que, por não haverem tomado parte nos trabalhos realizados, jamais poderiam encontrar-se sob quaisquer influxos hipnóticos ou sugestivos, se lá os houvesse.

A esta altura, já não devo insistir no significado ou valor desses fatos, no sentido de reformulação que eles, certamente, de futuro, imporão aos conceitos científicos nos domínios da física ou da química. Já o venho fazendo com insistência. Aqui, ater-me-ei a três circunstâncias desse depoimento sob o n° 18, que revigora a certeza da autenticidade dos fatos e, em consequência, a sugestão, a hipótese quase imperativa, se não absolutamente imperativa, pelo menos, de um planejamento ou de uma intencionalidade supranormais, à base desses fenômenos. E, nesse caso, tudo se passaria como se uma consciência, que não é a de qualquer dos assistentes ou deles decorrente, atuasse, podendo perceber, decidir e agir. Essa conclusão, aliás, afirmar-se-á ainda mais nítida, como consequência do relato que se seguirá sob o n° 19, para o qual chamo particularmente a atenção do leitor. De fato, sob o n° 19 a seguir, encontrar-se-á um fato que poderá resistir, com absoluto sucesso, a quaisquer objeções e fundamentará em definitivo, a hipótese que ora faço sobre uma consciência independente do mundo físico, como disse, capaz de perceber, ajuizar, decidir e dispor de meios de atuação sobre esse mesmo mundo físico. As três circunstâncias importantes que desejo ressaltar, ainda, nos relatos agora em apreço, são:

1°) O médico ao meu lado, o dr. Abdo-Ab-Râmia, insinuara as flores virem molhadas, tal o temporal fora, supondo naturalmente a possibilidade de se acharem dissimuladas, escondidas em qualquer parte, não obstante a simplicidade do recinto: uma pequena sala com apenas 15 cadeiras e uma poltrona de tamanho médio, com somente uma porta para o interior da residência, muito bem controlada, não só por chave, sob fiscalização, mas por assistentes que lhe barravam o acesso e duas janelas de

Além da Parapsicologia

um 1° andar, também fechadas e cobertas de pesadas cortinas. A resposta e a prova vieram: 160 cravos encharcados... Teria havido quem percebesse a insinuação, decidisse e executasse o sugerido? Como? Nas circunstâncias descritas, será um fato normal? Poderia quem quer reproduzi-lo?... Ou enfrentar-se-ia o supranormal?!...

2°) Nessas reuniões, jamais acontecera haver transportes que não flores, cravos ou rosas, alguns objetos simples, como vidros de perfume e, certa vez, um belo crucifixo etc... Aconteceu, porém, uma visitante dizer-se mal da garganta! Viera céptica e curiosa... "Resolvem" (?) trazer-lhe balas... Alguém insinua que ela gosta muito de bombons e todos têm a incrível surpresa de grande quantidade de bombons que lhe cai ao colo, como despejados de um saco de papel, cujo grande ruído no manuseio todos percebem claramente... mas, nenhum saco é encontrado ao acenderem-se as luzes!... Não obstante, dezenas de bombons depositados... Não será essa improvisação, ligada a uma imprevista afirmação de uma visitante, elemento de real valia para a valorização do fenômeno? Até seria justo inquirir por que assim foi feito?!... Não haveria aí, flagrante intencionalidade no sentido de satisfazer a exigências de cépticos ou desconfiados e, ao mesmo tempo, revigorar a certeza na seriedade daqueles trabalhos, que se passavam, aliás, em respeitável ambiente familiar, residência da sra. Miquita Rocha, então, à Rua dr. Celestino, 278, em Niterói?

3°) No transporte operado no meu próprio lar (já referido, aliás), não haveria um atendimento e, ao mesmo tempo, uma resposta a minha esposa e a mim próprio? Isso porque, quando ela dissera:

"Vou retirar as flores, pois pode haver transporte", replicara eu: "Qual! Isso não se dará; já há muito tempo que Nelson Rocha perdeu essa faculdade". (Referia-me aos anteriores transportes de cravos e rosas já descritos)

Se o fato analisado não foi uma resposta de alguém que percebera o nosso diálogo, uma hora antes, e decidira produzi-lo, tudo se passa como se assim fosse... e, aí, o deixo à conjectura, à intuição, ou melhor, à grande dúvida do leitor, que, por estranho que pareça, por vezes ainda é a minha dúvida, tal o ex-

traordinário, o extra-normal, que se configura em tais eventos, não obstante haver sempre estado como que no meio deles!...
Costumo até dizer aos amigos:
"Sabem vocês? Esses fatos superam os da energia atômica: bombas de Hiroshima, Nagasaki ou tudo mais..., quanto às perspectivas que poderão, um dia, abrir à nossa humanidade".
É que, se riquíssima a colaboração do conhecimento e domínio do átomo para a vivência física da humanidade, nesses acontecimentos, atualmente supra-normais, está, provavelmente, em surgimento, uma ciência nova, consolidando, talvez, uma filosofia nova, que melhor poderá situar o homem perante o universo moral, que a sua mente, o seu coração e a sua intuição já percebem, já captam, mas ao qual ainda é bastante alheio, nessa luta egoística do eterno vir a ser da existência material, em que só palidamente despontam e desenvolvem as realidades superiores do Espírito...

19) O supranormal em evidência... Onde tempo e espaço?...

Certa vez, em São Paulo, acho-me na residência do major F..., do Corpo de Bombeiros – A personalidade, que se intitula padre Zabeu, marcara para mim, meu irmão, dr. Darcy Uchôa e um amigo, João Miranda, funcionário da Saúde Pública, uma reunião nessa casa. Seria de materialização, que, afinal, não se realizou, valendo, todavia, pela ocorrência excepcional que precedeu à sessão, sob a viva luz de lâmpadas comuns, talvez, de 60 a 100 watts.

Encontro-me no primeiro andar dessa residência, em conversa com o presidente da Federação Espírita Paulista àquele tempo e com meu irmão, o já citado dr. Darcy Uchôa... Apenas os três, enquanto no andar térreo, na garagem, se faziam os preparativos para a reunião. Diz-nos, então, esse Presidente da Federação, cujo nome, agora não recordo:

"Os senhores não imaginam a que ponto chega o desenvolvimento desse médium – o Zézinho!... Há poucos dias, sentado à mesa de um bar, em pleno dia, comigo e alguns amigos, recebeu de chôfre como que um golpe, um choque, e se achou amarrado, fortemente, pelos dois pulsos, às costas, com uma corda, que, até hoje, não sabemos donde veio e como apare-

Além da Parapsicologia 91

ceu!... Foi isso uma estupefação geral!..." – Eu e meu irmão, cépticos, entreolhamo-nos; fizemos algumas perguntas, porém, subestimamos a ocorrência, atribuindo essa descrição ao excesso, talvez, de credulidade ou qualquer "truque" de alguém que porventura conseguisse iludir a boa fé de uns poucos! Em resumo, não demos o devido crédito... Pois bem! Passados alguns minutos, como se alguém mais nos houvesse ouvido a palestra, percebido a nossa descrença e decidido demonstrar-nos a realidade, o mesmo fato se deu à plena luz de 60 ou 100 watts que iluminava o ambiente da garagem, onde se realizaria a reunião prevista!... E como se deu? Aconteceu de forma límpida, inegável, absurdamente insólita, deixando patente o supranormal e suponho, como uma prova irrespondível!... Mais uma prova e, dessa vez, com esse caráter de evidência avassaladora, impressionante! Na verdade, assim ocorreu:

Chamam-nos ao andar térreo. Tudo estaria pronto para iniciar-se a reunião... Ao chegarmos à sala, logo que meu irmão acaba de apertar a mão do médium – o Zézinho –, este como que recebe um golpe violento nas costas, um forte empurrão, procurando, instintivamente, firmar-se com um pé à frente, para não se projetar ao solo. Nessa, talvez, fração de segundo, o tempo para apenas um rápido empurrão, já ele se encontra com as mãos nas costas, amarrado pelos dois pulsos, por uma gravata de seda! A amarração encontra-se tão perfeita, com a gravata disposta, também, entre os pulsos, apertando-os violentamente, que a todos nós dá, logo, a impressão segura do sofrimento do Zézinho, a esse tempo um tanto ansioso, bastante nervoso. Mais ainda: feito esses enlaces, entre os pulsos, de aperto da amarração, aquele dispositivo terminava com uma série de mais de meia dúzia de apertadíssimos nós, seguidos, feitos com perfeição, terminando com as duas pontas da gravata perfeitamente iguais e, de tal forma dispostas, que pareciam, até, a imitação de duas orelhinhas de coelho! Assim parece-me, no momento, e comento, com a concordância da opinião dos presentes. Esse acabamento de pequenos nós seguidos estava tão perfeito que lembrava uma dessas trancinhas bem-feitas que as mães usam fazer, às vezes, nos cabelos das filhinhas, após o banho: bem apertadas, justas e certinhas!... Constitui-se numa admiração geral!... Proponho-me, então, a desmanchar tudo aquilo, a fim de que o rapaz seja libertado. Procuro fazê-lo com paciência, tal a dificuldade. Desatados os nós, torna-se tão difícil prosseguir para desfazer as laçadas de aperto, entre os pulsos, que decido recorrer a uma "gillete"... Alguém se oferece para auxiliar-me, sugerindo dever eu conseguir a gravata intacta para conservá-la como lembrança. Assim, com cuidado, mas sem perda de tempo, pois o aperto visivelmente incomodava, conseguimos a liberação dos pulsos do jovem Zézinho. Até hoje, possuo essa gravata... Logo após, recordo ainda, para o início da sessão, sou chamado a pôr algemas com cadeado nesse jovem, o que faço, fechando-o cuidadosamente Ao me voltar e dar apenas, talvez, um passo, ainda à plena luz já referida, ele próprio exclama:

– "Coronel, volte! O cadeado não mais está no lugar" Volto-me ligeiro e, na verdade, havia sido retirado e pendia de uma pequena argola bem afastada do cinto que também o prendia à cadeira!... Valera-me a noite!... Havia observado o inexplicável, o absurdo, à plena luz!...

Comentário: Esse acontecimento se me afigura realmente imperativo, no sentido de impor, inexoravelmente, o supra-normal. É verdade que outros relatados já o fazem. Todavia, neste, tudo se passou à luz intensa de lâmpada, como disse, de 60 ou 100 watts, iluminando fortemente a pequena garagem de 20 a 30m². A evidência tornou-se insofismável, irrespondível. E, então, analisando:

1°) Tudo se passa como se houvesse uma intenção de demonstração de um fato, julgado irrealizado ou irrealizável por nós, eu e meu irmão... tal a súbita amarração do rapaz, no bar, segundo nos contaram. Doutra forma, seria casual a flagrante conexão entre essa conversa anterior e o fato que logo após se realizaria?!...

2°) O fato em si, isto é, mais de meia dúzia de nós, em sequência a uma técnica de amarrar e apertar, com uma gravata, os pulsos de uma criatura, jogados, violentamente, para as costas, tudo isso em fração de segundo, talvez, (em 1 ou 2 segundos que fosse!...) não constituirá algo para além do tempo, supra-normal?! Que dúvida podera existir para essa conclusão!... Só uma aceito: negar o fato... Mas se o vi de perto, quase o vivi, e isso à plenitude da luz?!... Como negar então?... Deixo

Além da Parapsicologia

essa opção a outros... de vez que este é um depoimento...

3°) Onde, para o nosso espírito, as imposições do respeito ao espaço em que nos supomos contidos, no qual a qualquer movimento se associa o tempo? E, ainda, o respeito às condições outras de caráter físico, fisiológico ou psicológico, implícitos nas contingências normais de percepção dos fatos desse espaço, o qual não se verificou no transporte e utilização invisível da gravata empregada, de maneira tão insólita?... Espaço e tempo não estariam, aí, superados?!... E o caráter transcendente do fato, não seria patente, inegável, insofismável?... Sem emitir hipótese ou hipóteses, que esse não é meu objetivo, aqui convido o leitor a opinar, a intuir e responder. O leitor o fará?... Como? O caminho mais fácil, como disse já, respousante e, até mesmo, congelante do pensamento, é o de negar o fato!... Se assim o fizer, creia-me, já o esperava... E se o fizer, ou fizerem, com zombaria, lembrarei que, em todos os tempos, isto tem ocorrido, antes, quando e depois que Galvani foi ridicularizado com o epíteto de "Maestro das Rãs", quando descobriu a eletricidade circulando nas pernas de rãs penduradas nas grades de ferro da sua varanda! Era ridicularizado, entretanto, já lidava com uma das "poderosas forças da natureza", como dizia. Hoje, aperta-se um botão, uma cidade se ilumina, grandes indústrias se movimentam. Ao influxo dessa energia a civilização avança, progride e sempre novos campos de conhecimento científico se abrem ao espírito humano. Em certo sentido, o supranormal, que aqui se insinua, já tão estudado e observado por notáveis sábios desde Crookes, até J. B. Rhine e outros atuais, não estará oferecendo ao homem novas vias de perquirição, novas sendas de progresso, quiçá, apontando para o lado espiritual da existência, aquele até agora velado à ciência, só reservado aos místicos visionários?!... Não se encontrará, um dia, nessa via, então já científica, o justo ponto de equilíbrio ou do predomínio moral, de que o homem de hoje tanto necessita, para ser, realmente, feliz? Esse universo espiritual e moral, de que nos falaram os grandes instrutores e o **Senhor Cristo**, não será, um dia, apreendido ou estudado pelas vias da ciência, que, então, já se haveria elevado a uma **sabedoria maior**, integral, do espírito humano?!... Que responda o futuro!...

Capítulo IV

Da Materialização

Entre os fenômenos ditos ou supostos supra-normais, destaca-se, não há dúvida, o da chamada materialização. Seria o fenômeno culminante da ectoplasmia, segundo a terminologia de Richet. Pessoas se reúnem. Entre elas se encontra uma normalmente chamada "médium". Na obscuridade ou com luz velada, toma consistência de vida normal uma figura humana, que se dá nome e se afirma alguém que já vivera entre nós. Com maior ou menor desenvoltura, movimenta-se, fala, toma iniciativas e, muitas vezes, esforça-se por demonstrar a existência real da sua personalidade operante, por meio de fatos ora normais, próprios de uma pessoa qualquer, ora atípicos, às vezes, de difícil explicação no âmbito do habitual. Na maioria absoluta ou quase totalidade dos casos, faz-se mister a presença desse médium. Tudo se passa como se ele possuísse a faculdade de ceder parte da matéria do seu próprio corpo, para a formação que sobrevém, transformando-se ela, primeiramente, em uma substância branco-acinzentada, de estado físico ainda não bem definido, à qual Richet chamou ectoplasma, e que irá conformar o físico da estranha criatura que se apresenta. É óbvio que, se autêntico, é um fenômeno demasiado complexo, de extrema delicadeza. Demais, a experiência tem sugerido e, talvez, demonstrado a real participação do corpo do médium em todo o processo da materialização, o que implica, até, perigo de vida, conforme testemunho de credenciados observadores e a mim próprio já se tornou patente. Não prosseguirei nesse caminho de explicação ou análise do fenômeno. Passarei a depor, dentro da orientação que me tracei, selecionando alguns fatos, dentre, talvez, dezenas ou centenas bem observados e incisivos, no sentido da apresentação nítida, insofismável de sua realidade transcendental. Para evitar mal entendido face ao exposto, devo acrescentar que a materialização poderá consistir, também, apenas em um objeto material, como será visto adiante, em que algo assim se apresenta, sem qualquer conexão, pelo menos, visível, perceptível, com a estranha criatura manifestada. Citarei poucos casos.

20) Um padre, um papa?!... Uma formação física, de que outra natureza?!...

Chega-me a notícia: em São Paulo se materializa o padre Zabeu. Veste-se como papa. Deixa-se fotografar. Passeia pela sala iluminada, conversando normalmente com as pessoas. Algumas vezes, tudo isso acontece em reuniões de mais de cem pessoas!... Indo a São Paulo, decidi-me a investigar, conseguindo acesso, junto com um amigo, Nelson Rocha, a uma dessas reuniões. Iniciada em amplo recinto, ouvem-se algumas pancadas e nada mais!... Falhara... Prestes a deixar o recinto, o médium, João Cosme, que jamais conhecera, dirige-se a mim, indagando: "Não veio o sr. do Rio para ver o padre Zabeu? O sr. não viu. Quer esperar um pouco?... Recebi ordem para fazer uma sessão particular para o sr. e o seu amigo. Quer esperar que a maioria se retire?... Ficará um pequeno grupo. Venha cá."

Apresenta-me a algumas pessoas familiarizadas com o ambiente das reuniões. Pouco depois, em uma cabine velada por pesada cortina preta, deixa-se amarrar à cadeira e algemar o médium João Cosme... Tomo parte ativa nesse processo, a pedido dos presentes. Na cabine, pequeno local, havia apenas, além da cadeira do médium, uma pequena mesa com uma vitrola manual, alguns discos, um megafone e um reostato para o controle da intensidade de luz vermelha, com a qual deveríamos ver e conversar com o padre Zabeu. Somos 14 ao todo, em plena obscuridade. Inicia-se a manifestação. Acende-se a luz vermelha verificando-se o perfeito funcionamento do reostato. Abre-se a cortina e surge a figura impressionante da personalidade dita padre Zabeu!... Dá alguns passos em minha direção. Para ao centro da sala. Abre e fecha os braços como em gesto de contrição. Percebe-se logo a densidade, o peso dessas vestes brancas que, logo após, ao tato, daria impressão de seda. Distingue-se, perfeitamente, pois que a sala se acha bastante iluminada, a batina branca e ampla sobrepeliz, bem assim grande crucifixo pendente. Faz gestos para um e outro lado, como abençoando. Retorna ao interior da cabine. Toma o megafone, aproxima-se e fala, utilizando-o voltado diretamente para mim e bem próximo, dizendo:

– Meu filho, você precisa procurar desenvolver-se e progredir sempre pelo caminho da contrição! Olhe! A sua responsabilidade é grande! Nunca se esqueça de orar e vigiar..."

Em seguida, abraça-me expressivamente e, a meu pedido, permite que examine, à vontade, o tecido de sua batina e sobrepeliz, o que faço com moderação, máxima atenção e, cônscio da importância daquela oportunidade, da melhor maneira que me ocorre naquele instante. Fazenda pesada, seda muito lisa e em grande quantidade. Vestimenta exuberante. Contato de suas mãos e braços, normais. A seguir, observo-o caminhar pausadamente, dirigindo-se a um e a outro sobre assuntos vários, quando, então, distingo bem os pesados e grandes calçados que usa. Lembro-me de que naquele instante, apesar da emoção, comparei a sua figura com a do médium João Cosme... Este bem mais baixo e de porte, ou melhor, postura bem diferente... Seguem-se vários diálogos. Aquela entidade se recolhe à cabine. A sala é obscurecida. Ouve-se uma voz rouca, pesada, que se dirige aos assistentes sobre assuntos comuns, distinguindo-se, muito bem, da do padre Zabeu, um tanto fina, metálica e de entonação característica.

Mais algum tempo e a reunião rápida, porém, incrivelmente demonstrativa, encerra-se, com a promessa, ainda, do padre de que iria comparecer às nossas reuniões realizadas em Niterói. Cumpriu a promessa feita, manifestando-se, alguns meses após, entre nós, para o que, na época julgada oportuna, deu instruções, em São Paulo, a João Cosme. Em consequência, tive muitas e muitas outras oportunidades de, em meu próprio ambiente, verificar e reverificar, provar e contra provar o

Além da Parapsicologia

que se contém neste relato, com incidentes vários e minúcias outras, que deixarei de mencionar aqui. Não poderia, porém, neste depoimento, deixar de mencionar o seguinte:

Certa vez, padre Zabeu recomendou-nos levássemos uma tesoura bem amolada, que ele queria oferecer-nos um pedaço do tecido da batina!... Providenciamos a tesoura. Toma-a, e ouvimos o ruído do corte!... Deu-nos um pedaço, segundo ele, de pano da sua batina interior (algumas vezes, notava-se que, por baixo da branca, trazia ele uma batina escura). Era uma sarja de veludo muito brilhante. No momento, assegurou-nos que aquela fazenda só a encontraríamos na França ou na Polônia, insistindo conosco para que a procurássemos... Depois, em várias oportunidades, me tem perguntado:

"Então!... Acharam pano igual ao da minha batina?"

Comentário: Nesse relato, além do fato em si, no seu caráter insólito, na sua objetividade indiscutível, há algumas circunstâncias de tônica diferente que convém ressaltar:

1°) Depois de falhar a reunião projetada, Cosme que nunca me vira, procura-me com o mais vivo interesse e propõe nova reunião. Esta se desenvolve com intensidade e objetividade, que os próprios do círculo habitual ressaltaram;

2°) As palavras a mim dirigidas, desde logo, calaram fundo, com propriedade, em meu espírito, por isso que, de há muito, me encontrava acentuadamente impulsionado pela mais viva curiosidade científica, intelectual, a respeito desse assuntos, sem lhes conceder uma tônica de maior interespiritual;

3°) Dizer ser grande a minha responsabilidade... Por que? Todavia, explicar-se-ia, sabendo-se que ocorrendo isso aos meus 40 a 42 anos de idade, desde 17, como consta deste depoimento, vinha observando e vivendo extraordinários fatos nesse campo!... Como explicar a justeza dessa advertência?...

Como, pois, comprender tudo isso, particularmente a ocorrência da materialização? Plasma? Muito bem! Que é ectoplasma?!.. E que se o conheça, ele sim (e disso estamos longe), quais as leis da sua manipulação vir à manifestação uma forma humana, à parte da de todos os presentes, ostentando vigorosa personalidade?!... Serão poderes latentes do próprio médium os operadores de tal "milagre"? Que poderes serão? Expressões do misterioso *underground*, e riquíssimo, do seu mundo inconsciente?!... Eis a pergunta... mesmo que assim seja, constituirá isso a totalidade da verdade?!... Dada a flagrante limitação dos nossos sentidos e meios de perquirição será justo conceber a possibilidade existência de seres inteligentes, conscientes e capazes de agir fora da matéria física, como nós conhecemos?!... Na verdade, já sabemos tudo sobre o próprio mundo físico?... E, nessa última hipótese, não será também justa a suposição com essas características poderem intervir nesses fenômenos? Nessas circunstâncias, que seres serão esses? Aqueles que aqui viveram e se passaram a uma nova condição de existência? Ou, então, entidades de outros caminhos evolutivos que não teriam passado por um corpo de carne como o nosso?... Tudo são perguntas... No estado atual do conhecimento científico sem praticar apenas um ato de fé, quem estará em condições de responder em caráter definitivo? Penso que ninguém e, daí, o imperativo desses estudos, dessas pesquisas, no interesse do homem de amanhã...

21) Ainda padre Zabeu? Desta vez, desmaterializando-se à vista de todos, em plena luz... E, a seguir, materializando-se, ali mesmo, com a sala iluminada...

Este relato, suponho, completa e revigora a importância do precedente. Soube que haveria, em São Paulo, uma sessão científica, a que só assistiriam homens. O médium despir-se--ia, conservando apenas a cueca, à vista de todos os presentes Compareci e assim aconteceu:

O médium é algemado e amarrado a uma cadeira simples, em pequena sala, sem qualquer outro móvel, além de uma pequena mesa sobre a qual se encontram uma vitrola manual, alguns discos e objetos fosforescentes, bem como o reostato nara a graduação de luz vermelha no recinto da sessão. Uma única porta de acesso a essa pequena sala dá para o local onde se dispõe a assistência e se acha velada por uma cortina preta. Nessa sala de um 4° andar, apenas uma janela voltada para a rua principal, dando a segura impressão de que o ambiente gozava

Além da Parapsicologia

de mais absoluta garantia de controle. Além disso, todos os assistentes da primeira fila ligados por uma corda, que lhes passa pelas casas do paletó, controlando-os. As extremidades dessa corda eram dispostas convenientemente, indo amarrar-se em cadeiras de assistentes que se encontram atrás da primeira fila. Médium: João Cosme. Em minha companhia, meu irmão, dr. Darcy Uchôa, ambos dispostos a todo cuidado de observação e colocados na segunda fila. Inicia-se a manifestação com a escolha dos discos e o toque de vitrola, bem como a experiência, o teste do reostato que graduaria a luz. Pouco depois, acende-se, firme, a luz vermelha e todos vemos, nitidamente, a figura da personalidade que se diz padre Zabeu. Vestido de ampla batina branca, com exuberante sobrepeliz e o crucifixo pendente conforme a descrição já feita no caso anterior. Faz gestos característicos de quem abençoa e aproxima-se, falando-me assim:

– Uchôa!... Preste atenção! Diga a todos que prestem bem atenção!...

Assim o faço, em voz bem alta, permanecendo todos atentos. Vemos, então, aquele vulto de branco deslocar-se, como que encostar-se a uma das paredes laterais, ali permanecendo, silencioso. Mais alguns instantes, vemo-lo formar uma névoa que se amplia, ao mesmo tempo que se rarefaz. Pouco depois, uma brancura difusa, tênue como de neblina pouco densa. Um pouco mais, a normalidade da sala, sem nada, absolutamente nada mais à vista. Passam-se alguns minutos e todos notam como que uma neblina começando a encobrir a parede lateral, onde se dera o desaparecimento daquele vulto. Progride o adensamento. Uma névoa clara e espessa se observa, sugerindo configurar-se à semelhança de um ovóide. Mais alguns instantes e daquela parede se encaminha para mim a mesma figura humana já descrita: padre Zabeu (?) que, assim, então, me fala:

– Uchôa! Gostou?

Ao que respondo:

– Gostei, padre. Isso era, exatamente, o que ainda me faltava observar. Gostei muito.

Replica, então, em sua voz característica, um tanto metálica:

– Pois bem! Diga aos que gostaram que dêem o nome aos jornalistas.

É que presentes se encontravam dois jornalistas. Um deles, recordo-me, de "A Noite". Haviam eles comparecido à sessão, a fim de receberem do padre a resposta sobre se aceitaria as rigorosas condições impostas por uns médicos, para uma sessão a realizar-se, suponho, em uma dependência da Faculdade de Medicina local, as quais foram aceitas. Efetuou-se com bom êxito, soube depois, essa reunião de pesquisa, com o engessa-mento dos membros do médium e, ainda, forte injeção para que dormisse profundamente.

Falando-nos em dar nome aos jornalistas, nós, os presentes, decidimos fazer, na hora, uma ata daquela sessão para nós incisiva, de alto teor probativo e dá-la à publicidade. Tínhamos, sem dúvida alguma, observado:

1°) Que de um pequeno recinto, onde apenas se encontrava João Cosme... de cuecas e algemado saíra, à plena luz vermelha, uma criatura com todas as características de um ser humano normal, de figura e porte diferentes dos do médium, ostentando ampla vestimenta branca, com aparência da usada pelos papas;

2°) Que essa figura desaparecera da nossa vista, a essa luz, parecendo desfazer-se em forma nevoenta, que pouco a pouco como que se diluiu e desapareceu para, inversamente, retornar, como que progressivamente se organizando, até que de um ovóide nevoso aparecesse, sereno, com o mesmo aspecto anterior.

Era muito! Decidimos escrever e o fizemos...

Comentário: Esse fato revigora as considerações feitas, quando do relato anterior. Sugere que, em casos como esses, o espírito humano pára surpreso, sem possibilidade de pontificar soluções, a menos que se trate, como antes já acentuamos, de uma leviandade irresponsável ou de uma pretensão decorrente de vaidosa presunção científica, que, quase sempre, se compraz na negação ou no considerar tudo embustes, fantasmagorias, que impressionam apenas aos ingênuos. Não têm, certamente, vivência honesta dessas observações ou experiências! Essa opinião, dos que nada observaram com rigor, a meu ver, mesmo que sejam especializados em outros campos, emitindo pareceres pseudo-científicos, deverá valer tanto quanto a de um pernóstico professor de aldeia, sem qualquer preparação superior, sobre

Além da Parapsicologia

delicados e profundos problemas que envolvam a física interatômica, as sutilezas de eletrônica, as realidades técnicas do eletromagnetismo ou o segredo da aparição e evolução das galáxias... Acontece até que, em vista do infinito de implicações que esses fenômenos encerram, verdadeiramente revolucionárias para a física, a química, a biologia e a psicologia, a incapacidade talvez ainda seja maior quando se consideram esses pseudo-cientistas face ao metapsiquismo, de que quando o professor primário quer pontificar sobre astronomia e física atômica...

22) – Uma materialização "flúidica"? Algo excepcional?!...

Selecionando fatos, de forma alguma poderia omitir aquele que suponho ter-me oferecido a oportunidade única de observar o que, dificilmente talvez, hajam outros observado. Pelo menos, não conheço quaisquer referências a fato análogo na literatura a respeito desses fenômenos. Aqui o depoimento:

Realiza-se, agora, a experiência em Niterói. Médium João Cosme, o mesmo dos relatos precedentes. Residência da senhora Miquita Rocha. Além da personalidade dita padre Zabeu, aparece, também, entre outras, a de Teresinha, ostentando farto vestido de noiva com longa cauda e amplo véu. Nessa noite, em pequeno pavilhão ao fundo da residência da família M. Rocha, na rua dr. Celestino n° 278, reune-se um grupo, talvez de umas vinte pessoas. Médium cuidadosamente algemado e amarrado, como sempre, à cadeira, iniciam-se as manifestações do padre Zabeu, nas condições já anteriormente referidas. A seguir, espera-se outra personalidade – Teresinha – que se apresenta à luz verde, movimentando-se com facilidade. A luz, não muito intensa, é suficiente, porém, para se distinguir muito bem tudo na sala e os assistentes, um por um. Presidindo à reunião, encontro-me destacado, próximo à saída da cabine, onde se acha o médium e de onde, normalmente, se espera sair o vulto materializado. Estou colocado de forma que, à minha esquerda, está a assistência, à direita, a própria cabine e à frente, a uns três a quatro metros de distância, a parede lateral da pequena sala, vazia nessa parte. Acho-me em posição privilegiada para a observação e isso se comprovou a seguir. Escusado será dizer do cuidado, da meticulosidade com que todos havíamos examinado as condições ambientes, particularmente o controle do médium, apesar de os fatos se deverem passar com luz natural... Então, nessas condições, a incrível observação se deu. Assim: A luz verde já se encontra acesa e todos aguardam atentos; isso depois de outras manifestações iniciais. De repente, sem qualquer movimento ou indício outro prévio, como por geração espontânea, aparece, visto por todos os presentes no meio da sala iluminada, algo como um biombo de três lados, de cerca de 1,30m ou 1,40m de altura, de tecido branco brilhante, um tanto transparente e colocado de forma que o lado central se dispõe paralelamente à primeira fila dos assistentes e os dois outros discretamente inclinados, voltados para o interior, isto é, para o lado da cabine. A esse mesmo instante, atrás desse biombo, mostrando-se com meneios graciosos de cabeça, um vulto delicado de mulher vestida de noiva, à forma pela qual, antes, já se apresentara, saindo normalmente da cabine. Os que estão na assistência vêem o vulto velado por aquele tecido (?) branco do biombo e só, diretamente, do ombro para cima. Eu, porém, na privilegiada situação em que me encontro, passo a observá-lo diretamente, de corpo inteiro, a movimentar-se com graça e elegância, pois, colocado de lado e a menos de 2 metros de distância, não só o biombo não se constitui em obstáculo para mim, como também posso examinar com mais precisão aquela súbita aparição materializada, fixando-a bem. O extraordinário, porém, que assinalo e a que já me referi, é, que, nessas condições, posso nitidamente notar que a mim esse vulto aparece como sombra mais ou menos densa ou como corpo mais ou menos transparente, ou, ainda, como se fosse feito de cristal fluído ou água límpida, inexplicavelmente conformado ao aspecto de figura humana. Aliás, essa impressão de transparência atinge todo aquele vulto, inclusive a exuberante vestimenta de noiva que ostenta com longa cauda. Recordo que, no momento, aquilatei a excepcionalidade da observação que estava fazendo, pois a luz era suficientemente intensa para poder distinguir bem, valorizando sobremaneira o fato. Essa situação perdurou algum tempo, talvez de 10 a 20 segundos, quando, então, ainda à plena luz, se desfaz o biombo como se

Além da Parapsicologia

formara e o vulto como que se adensa e caminha com elegância e meneios bem femininos, percorrendo toda a extensão da primeira fila de assistentes e passando bem junto a mim, de volta à cabine, quando, com um gesto todo particular, movimenta o véu que me atinge suavemente a face e o vestido amplo de seda pesada que me roça bem objetivamente os joelhos!... Não param, porém, aí as manifestações dessa noite. Logo após, a sala, como antes, iluminada com luz verde, somos todos incrivelmente surpreendidos pela segunda vez: forma-se, também, de súbito, e bem junto a mim (uns 50 centímetros talvez), uma coluna branca de uns 20 a 30 centímetros de diâmetro, como que ligando o piso ao teto, quase me assustando, por formar-se tão próximo a mim! Logo após, aquela coluna começa a deslocar-se sozinha, com rapidez, pela sala. No extremo oposto, abate-se repentinamente sobre o colo dos assistentes da primeira fila, dispondo-se longitudinalmente e deslocando-se assim, sempre rápido, até chegar ao meu colo onde passa entre as minhas mãos, em direção à cabine. Apuro, então, tratar-se de uma massa de filo de seda. Como teria sido acionada?!... Que se haveria passado realmente?... Até hoje pergunto... E a resposta? Fica para os que negam... Negar é muito fácil: Não é verdade... foi sonho, uma ilusão coletiva, uma hipnose qualquer... A realidade, porém, está aí descrita... e o depoimento prestado...

Comentário: Que mais deverei dizer, acrescentando aos comentários dos três relatos precedentes? Apenas direi e insistirei no caráter excepcional dessa observação, dentro mesmo do que já é excepcional, inabitual, absurdo. Estou, entretanto, como já escrevi, seguro de que uma observação bem feita, um fato realmente ocorrido, supera de muito quaisquer mil volumes de mil autoridades que neguem! Em face de fatos como esses, não há dúvida, a que ficarão reduzidos os conceitos fundamentais da ciência atual, quer seja a física, a química, a biologia ou psicologia?!.... E, ainda, se esses conceitos houverem de ser reformulados, que implicações poderão advir em relação aos campos da sociologia, da moral ou da própria religião?!... Haverá, então, um poder, uma força, uma energia de hierarquia diferente, como que seguindo um novo, ou melhor, desconhecido processo de evolução cósmica? Ou, ao contrário, o que conhecemos no campo da energia, sob as mais variadas modalidades, por mudança de tônica vibratória, poderá alcançar esses outros níveis?!... Seria um salto cósmico, pois parece haver um vazio que transpor?!... Mas essas considerações não se aplicam, apenas, ao que observamos no mundo físico!... Se esses fatos depõem em favor de uma inteligência que se serve de uma técnica, a qual implica numa consciência que decide os procedimentos que adotar em cada caso?!... E mais! se ainda se revela uma estranha capacidade de execução?!... Como quer que seja, demonstrados os fatos um dia pela ciência positiva, uma conclusão tirará o cientista (e já a estão tirando os metapsiquistas e parapsicologistas que os vem pesquisando): a criatura humana é, em si própria, infinitamente mais rica de virtudes energéticas e de capacidade de inteligência e consciência do que, no momento, se poderá imaginar. A sua subconsciência, o seu inconsciente, constituem insondável mistério, no qual só pouco a pouco vai penetrando a ciência psicológica! Mas que mundo interior, que mistério será esse?!... Haverá, apenas, um "mistério", esse algo que vem preocupando os cientistas e poderá um dia revelar-se, oferecendo base de substância, que seria de matéria, talvez, de outra hierarquia, outra linha de expressão energética, o que conduziria à comprovação do corpo ou dos corpos ou veículos invisíveis do homem, dando assim, razão aos espiritualistas ou ocultistas: espíritas, teosofistas, rosacruzes, etc?

De fato, a essa linha de conclusões parece conduzir o fenômeno de materialização sobre que estamos depondo. Persistiria, para além da morte, não um ser abstrato (?), uma hipótese, uma recordação apenas no coração dos que ficaram e, sim, um ser objetivo, possuindo veículos próprios à vivência em outras condições, os quais, em determinadas circunstâncias, poderiam objetivar-se, materializar-se!... Estará ainda muito cedo para essas conclusões?!... Que esteja! Mas tudo parece indicar, por extraordinário que seja, que o caminho conduz a essa possível realidade! E daí, que novos horizontes, que novas perspectivas para a ciência do homem e do universo! Não disse Sócrates: – "Conhece-te a ti mesmo e conhecerás o universo e os deuses!?

Bem compreendo que não deverei insistir nessas conside-

Além da Parapsicologia

rações e em relatos sobre materialização. Não o farei nos termos em que já depus. Prosseguirei, porém, um pouco mais. Existem, na literatura sobre o assunto, referências a casos demasiado estranhos, insólitos, "absurdos", no gênero daquele de que se conta haver o célebre professor Miguel Couto sido testemunha, quando fora (assim é a estória) chamado para atender a uma senhora em estado grave, por uma sua filha. Logo ficou provado que essa filha havia falecido meses antes!... Jamais tivera eu um caso desses, nem mesmo no círculo mais íntimo de parentes ou amigos mais chegados. Pois bem! Aconteceu ultimamente e de forma categórica, com uma comprovação fotográfica interessante. Relatarei a seguir:

23) – Um estranho eletricista

Residia no apartamento 401, quarto andar, na Avenida Ari Parreiras, 28 em Icaraí. Meu genro, tenente Paulo Mascarenhas, então servindo no 3° RI, residia nesse mesmo edifício, apartamento 202.

Queima-se a resistência do chuveiro elétrico e é necessário providenciar. Esquece-se o tenente um ou dois dias. Na manhã seguinte, minha filha Anna Maria, sua esposa, insiste em que providencie ele um eletricista. Conversa, vivamente, o casal, pela manhã, sobre a necessidade do conserto. Isso, entre eles, sem interferência de terceiros. Às 10 horas desse dia, apresenta-se um rapaz, dizendo-se eletricista e procurando o tenente. Atendido, por uma pessoa da casa, sra. Regina Uchôa, pergunta-lhe:

– É aqui a casa do tenente Mascarenhas?

A sra. responde-lhe:

– Não! É a de sua sogra. Que deseja o sr.?

Replica:

– Eu sou o eletricista...

Acrescenta, então, a sra. Regina Uchôa...

– Bem, então vou chamar a sogra dele para atender...

Realmente, chama minha esposa, sra. Ena Uchôa, que chega e o cumprimenta. Diz-lhe:

– Vou buscar a chave para ir lá embaixo, ao 2° andar com o sr.

Minha esposa, então, vai buscar a chave e, ao regressar, não mais o encontra. Julga que se houvesse o eletricista apressado e descido ao 2° andar. Desce e lá, também, não o encontra. Estranha e desce até ao térreo onde há porteiro. O porteiro afirma não o haver visto e fica admirado, pois ali estivera todo o tempo. Ambos aguardam que o rapaz apareça, pois poderia ter havido uma distração do porteiro e um "mal entendido" quanto ao andar. Não voltou e ninguém com aquele tipo se achava no edifício. A sra. Ena Uchôa fica um tanto preocupada e aguarda, ansiosa, a chegada do tenente Mascarenhas... Ao chegar, o tenente Mascarenhas fica surpreso com o fato e afirma não haver mandado ou contratado qualquer eletricista. Nesse ponto, meu filho, tenente Paulo Roberto Uchôa, diz: "Mamãe, descreva esse tal eletricista". Feita a descrição, meu filho dirige-se ao cunhado, num misto de brincadeira e seriedade:

– "Sabe, Mascarenhas? À exceção da palidez a que se referiu mamãe, todos os demais traços característicos fazem lembrar bem aquele soldado do 3° RI, eletricista e muito seu amigo. Quem sabe se, vendo a aflição por causa do chuveiro, veio consertá-lo?"

Houve como que a sensação do absurdo e a reação discreta, porém efetiva, do tenente Mascarenhas, pois esse soldado, que houvera sido eletricista no 3° RI, licenciado em janeiro de 1963, logo em fevereiro, um mês após, fora barbaramente assassinado!... Entretanto, isso acontecia em julho desse mesmo ano. Trocam-se opiniões interpretativas entre os dois e minha senhora. Sem explicação para o fato, ficou combinado que meu filho traria do quartel algumas fotografias de soldados, no meio das quais incluiria a do 1100. E assim foi feito. Quinze fotografias são apresentadas à minha esposa e ao serem examinadas, separa ela imediatamente a do soldado 1100 (que ela ignorava qual fosse), exclamando:

– Foi este que esteve aqui! – E acerta com precisão.

– Foi este que esteve aqui! Desconcertante!...

Comentário: Que mais dizer?!... Já não comentei e fiz hipóteses sobre os outros casos de materialização?!... Todavia, aqui cabem ainda, mesmo sucintamente, algumas considerações. É

Além da Parapsicologia

que nos outros casos, em que mister se faz a presença de uma pessoa com faculdades especiais – um médium – a observação e a experimentação, através de prova fotográfica ou pesagem (do médium antes e durante a manifestação), têm estabelecido que há como que uma emissão, por parte desse médium, de uma substância especial, ainda desconhecida pela ciência, branco-acinzentada, como um tanto vitalizada, que é utilizada no processo de materialização. Essa conclusão não implica a hipótese espírita. Dela independe e pertence, particularmente, aos metapsiquistas, os da Escola de Richet. Os espíritas aceitam-na, por compatível com as suas teorias. Entre eles e os metapsiquistas, a diferença consiste em que, para estes, é a personalidade subconsciente do médium que plasma a forma apresentada, impondo-lhe as características de vida normal, adaptada ao ser "que se diz ser" e para os espíritas, uma entidade, um ser, que não o médium, utiliza sabiamente esse material ectoplásmico oferecido... e se manifesta. Entre outras coisas já um tanto conhecidas sobre essa substância ectoplásmica, sobressai o seu "horror" à luz solar ou artificial!... Daí, as imensas dificuldades de pesquisa. Também daí, o fato que materialização com luz, como as que acabo de relatar, sejam raras! Na verdade, há mesmo depoimentos de graves incidentes com médium nessas experiências, em consequência de luz inesperada. Eu mesmo, em minha própria casa, testemunhei um deles, em que o médium Nelson Rocha, ao fim dos trabalhos e após o aparecimento inesperado de luz artificial, permaneceu bastante tempo com fortes eólicas de estômago, preocupando-nos por várias horas!...

Sendo assim, lança-se o novo problema: Como haver materialização em pleno dia?... Dez horas da manhã!... E sem qualquer médium!... Sem qualquer preparação! De maneira tão perfeita, superando qualquer outra realidade em ambientes apropriados, respeitadas todas as supostas condições do fenômeno?!...

Onde encontraria o suposto ex-soldado 1100 elementos ectoplásmicos para a modelagem do seu físico? Ou, fugindo a essa hipótese e complicando ainda mais a pergunta, se aceitarmos a atual posição dos metapsiquistas: Que personalidade de subconsciente teria sido essa e, de modo análogo, como teria conseguido os elementos necessários à sua corporificação e atuação no mundo físico?!... Seria justo pensarmos que, normalmente, essa substância ectoplásmica, sob outra modalidade, existe em nosso ambiente físico, como que intrinsecamente unida às forças da vitalidade, transmitidas pelo próprio Sol, de vez que é científico afirmar que sem o Sol não haveria vida?... Quem nos poderia dizer que a luz solar, além de todas as suas virtudes conhecidas, não possuiria essa outra, e bem mais importante: a de abrigar como que o substratum da **vida**? Ou, em outros termos e inversamente, não seria a própria luz solar decorrência de uma forma de energia quiçá mais nobre e mais intimamente ligada à **vida universal**?!... Em ambas as hipóteses, poder-se-á compreender a existência de formas de energias vitais no próprio ambiente que nos cerca e, nesse caso, a possibilidade de, por sua manipulação conveniente, cuja técnica, no plano consciente, nos escapa e, talvez, ainda escapará por muitos anos ou séculos, forjar-se, assim, de forma assombrosamente estranha, um corpo físico temporário, que o fato relatado comprova!... Para que alongar-me em hipóteses?... Já o fiz, talvez, demasiado!... É que essa nova perspectiva, que se abre ao estudo, atrai o espírito inclinado à indagação para além da rotina cansada dos sentidos normais, oferecendo um estímulo à persistência e à perseverança, na luta por descobrir mais e mais dos arcanos secretos da natureza, em cuja intimidade, cada vez mais, parece esconder-se a raiz da **vida**...

Complemento sobre materialização:

Encerrarei aqui este depoimento, no que se refere a materializações, com uma referência a três fatos que não deixam de ser expressivos:

1°) Na época em que havia experiências em minha casa, em Resende, um amigo – professor catedrático da Academia Militar e médico psiquiatra, professor dr. Eurico Sampaio, disse-me certa vez:

"Uchôa, soube que há sessões de materialização em sua casa! Sempre supus ser tudo isso mistificação! Não posso admitir que você esteja às voltas com mistificações!... Será possível mesmo tal fenômeno?" – Respondi-lhe:

"Acontece que, hoje, haverá. O prezado amigo está convidado". Médium: Nelson Rocha, algemado e amarrado no meu escritório, que era examinado minuciosamente por todos. Logo após ao início, feita a obscuridade, de imediato se mostra, extraordinariamente iluminado, um vulto com roupagens de noiva. Avança pela sala, produzindo clarões sucessivos, com aquela luz indefinível de que já falei antes. Outros fenômenos se sucederam, a tal ponto que ouvi desse prezado amigo, homem notoriamente culto, no dia seguinte:

– Sobre mim o impacto do que vi foi por demais forte. Tive dificuldade para conciliar o sono! Não há dúvida de que foi preciso chegasse aos 52 anos (recordo bem, isso foi em 1946), para verificar quanto sou ignorante!

2°) No mesmo ambiente, isto é, em Resende, na Academia Militar, outro prezado amigo (hoje falecido), doutor Frederico Eisenlhor, então diretor do Hospital Escolar, me disse também, certa vez:

– Coronel, soube de reuniões de materialização em sua casa. Tenho lido e estudado esses assuntos, mas penso que a materialização é impossível. A única explicação que se me afigura é a da hipnose coletiva. Sem sentirem, são os assistentes hipnotizados!... Não será isso? – Respondi-lhe, convidando-o a verificar pessoalmente a realidade de sua hipótese. Aceitou o convite e compareceu, por ocasião da próxima sessão que fiz realizar. Muito atento e estarrecido, vê ele (e todos aliás) do meu escritório, onde de pijama, sem camisa, ficara algemado e amarrado o meu amigo Nelson Rocha, sair, à luz vermelha, de intensidade razoável, um vulto coberto de amplo véu o ostentando pesado vestido de seda branca, com cerca de 2 a 3 metros de cauda!... Todos (seria hipnose?...) comentam uns com os outros a impressionante objetividade do fenômeno. Digo-lhe então:

– Meu caro doutor. Acha-se hipnotizado?

Responde-me:

– Mas isso é extraordinário!...

Aquele personagem nos surpreende a conversa; dele se aproxima, levanta o véu e beija-lhe a testa expressivamente!... Um traumatismo emocional análogo ao descrito no primeiro caso. A mesma dificuldade em conciliar o sono e uma mesma confissão no dia seguinte:

– Caro amigo! O que vi, ontem, me deu tanto em que pensar que não consegui dormir. E ainda me pergunto como será isso possível?.

Ao que repliquei:

– Meu prezado doutor! Parece que, por ora, dificilmente haverá resposta! Verificar, examinar pacientemente os fatos e emitir essa ou aquela hipótese, eis tudo o que julgo se poderá fazer por enquanto!

3°) A uma reunião que presidi em Niterói, realizada em dependência da residência da família Rocha na época à rua dr. Celestino n° 278, isso à altura de 1944, comparece o dr. Matos Peixoto, então digno profesor de Direito Civil da Faculdade Nacional de Direito. Mostra-se absolutamente cético, curioso e, também, versado na literatura a respeito. Todas as facilidades de controle do médium Nelson Rocha lhe são concedidas. Aceita-as e examina, minuciosamente, tudo em particular, até a cabine, dizendo-se plenamente satisfeito. Iniciados os trabalhos, sobrevêm exuberantes manifestações, particularmente a da personalidade que se diz Teresinha, iluminando-se intermitentemente com aquela estranha e intensa luz a que, várias vezes, já me tenho referido. De repente, percebo que o médium, ofegante, passa mal. Da cabine com a sua habitual voz sibilante, Atanásio (assim se dizia chamar essa personalidade que parecia dirigir as manifestações) denuncia:

– Alguém puxou demais as vestes de Teresinha; isso desequilibrou o médium e vai ser perturbada a reabsorção do ectoplasma ao fim da reunião.

Então, honestamente, exclama aquele professor:

– Coronel!... Tenho de ser franco! O sr. concedeu-me todas as facilidades. Examinei e controlei tudo. Estava certo de que nada aconteceria e de que nada veria... Ora, comecei a assistir, a ver fenômenos tão perturbadores que, confesso, fiquei nervoso!... Fui eu quem segurou as vestes de Teresinha. Queiram desculpar-me!...

Replico:

– Muito bem, doutor! Estou certo de que todos desculparão. Estamos apreciando sua sinceridade. O problema, porém, talvez seja, o despertar do médium!...

Além da Parapsicologia

De fato, ao encerrarmos os trabalhos, contorcia-se ele em tremendas dores à altura do plexo solar. Sofreu bastante e tivemos de esperar até 2 horas da madrugada para que se recuperasse. Guardo comigo um documento ligado a esse fato: uma carta desse professor, em que pedia sentidas desculpas por aquele desagradável e perturbador incidente que provocara inadvertidamente.

Comentário: Só desejo acrescentar quanto a essas reuniões a que tive a oportunidade de presidir, como a muitas e muitas outras em meu próprio lar, que o cuidado maior era sempre dispensado à observação e controle do médium, não só durante a reunião, como nas menores minúcias do seu proceder quando realizávamos trabalhos dessa natureza, em Resende. Costumávamos, então, convidar pessoas presentes para examinarem meticulosamente o nosso pequeno escritório, que se fazia de cabine, dizendo-lhes:

"Vejam e examinem tudo muito e muito bem, porque, daqui, verão sair alguns vultos com tais e tais roupagens: vestido de noiva, terno cinza, vestimenta de papa com ampla sobrepeliz, etc..."

Examinando tudo, era de jurar que nada daquilo ocorreria, como fez aquele ilustre professor de Direito. Todavia, eis aí o depoimento de como dois médicos e um bacharel em direito, os três céticos, um deles até hostil (o primeiro, que supunha ser tudo mistificação), obtiveram as provas que jamais esperariam e que lhes produziram sensível transformação de atitude, perante essa fenomenologia realmente impressionante. Em verdade, não há como negar esse lado realmente impressionante desses fenômenos, bem assim, alto interesse para os que se sentem impelidos à pesquisa sobre os "mistérios" do ser, sobre o incógnito que ainda se esconde no fundo da personalidade humana e, também, se abriga na intimidade do próprio mundo físico em que vivemos, ainda não de todo revelado. Isso é indiscutível verdade, apesar dos progressos extraordinários da ciência, desde a física nuclear passando pelas surpreendentes aquisições da biologia, até a psicodinâmica das modernas concepções psicológicas...

Capítulo V
Uma interrogação maior? Espiritismo?

Estou chegando ao fim do depoimento a que me propus. Não seria, porém, correto se omitisse os três fatos que seguem. Ambos fazem pensar, ainda mais fortemente, na possibilidade da sobrevivência do ser humano. É que dois deles, impressionantes sob vários aspectos, além de implicarem essa hipótese de forma aguda, lança outra, isto é, outra hipótese, agora, sobre a explicação da natureza de muitos sofrimentos, conferindo-lhes justificativa, se assim o posso dizer, muito fora de qualquer conjetura humana normal. O terceiro, encerrando uma tônica sentimental a que jamais pude fugir, vem revestido de uma prova objetiva que dificilmente se poderia negar, apontando para a sobrevivência...

24) Vingança terrível... Seria possível? Quem responderia com segurança?!...

Tenho um primo paralítico das pernas. Enfermou desde 9 ou 10 anos de idade. Sobreveio-lhe fraqueza nas pernas, que, progredindo sempre, o conduziu à paralisia total dos membros inferiores, com deformação da bacia para baixo. Residia, então, no Engenho Seridó – Município de Muricy – Alagoas. Indo eu, certa vez, ao Nordeste, recebo a visita de seu pai e meu tio dr. Ildefonso Uchôa... Ainda no portão da residência de meus pais, em Jaraguá, pergunto-lhe por José Elísio, esse primo paralítico e seu filho. Responde-me que vai mal, cada vez pior da perna, etc... Replico-lhe, então, incisivo:

– Tio Ildefonso, já procurou fazer ou mandar fazer no José Elísio... um tratamento magneto-espiritual? O sr. não acredita? Não importa. Tente tudo para melhorá-lo. E a esse tio cético, falo com insistência, dizendo que sabia já não ser possível curar o filho, mas que essa espécie de tratamento lhe faria um grande bem. Ante essa insistência, promete-me ele providenciar... Esse diálogo se passa entre nós dois apenas. Peço que guarde o leitor bem os três nomes: José Elísio, o paciente; Ildefonso, o pai e Seridó, a propriedade distante em que residiam.

Havia em Maceió, uma conhecida sra. D. Adelaide, de grande notoriedade por suas faculdades de sensitiva, diziam. Desejava conhecê-la e até esperava mais decepção que confirmação, afeito a observar grandes exageros nesse campo. Encontro-a em uma reunião, visando à pesquisa física, que se passa muitos dias após ao tal diálogo com meu tio. Antes mesmo do início da reunião, a sra. Adelaide dirige-se a mim dizendo:

"Coronel, acaba de chegar, aqui, um espírito, olhando fixamente para o sr., com a fisionomia de quem está enraivecido".

Digo-lhe:

"Quem é e o que quer?" – Continua ela:

– Ele diz que vem do Engenho Seridó!

"E então?", pergunto eu:

– Manda dizer-lhe que assistiu a sua conversa com Ildefonso e que o sr. não se meta com a vida dele, que se arrependerá! Diz, ainda, que nada adianta, que desista, porque o José Elísio ira morrer paralítico das pernas, como ele. Está mostrando as pernas paralíticas e defeituosas...

Fiquei surpreso e, ainda hoje, admiro a extraordinária precisão do que me falou essa sra. Adelaide, só explicável, normalmente em alguém que houvesse assistido àquele diálogo com meu tio, alguns dias antes!... Mas se estávamos sós, ao portão de uma residência, bem afastado da entrada que levava ao ambiente interior, onde se encontravam pessoas! Além disso, o desconhecimento da pessoa de d. Adelaide entre os da nossa família, inclusive tio Ildefonso?!...

Comentário: Bem sei que é possível! dizer-se: "Muito simples. Explica-se facilmente, pois a sensitiva poderia ter lido na sua subconsciência!..." Muito bem! Mas, mesmo assim, onde encontrar a indignação, as razões para a ameaça feita? Em minha própria subconsciência? Contra mim mesmo? Digo, porém, ainda: que seja essa hipótese a do homem de ciência, apesar de não abarcar o fenômeno na sua totalidade, mas a hipótese da realidade do ser espiritual ou de outra natureza ligado ao José Elísio, nesse caso, conduzido por certos motivos que nos escapam, não será digna de ser considerada? Em que seria anticientífica? Estudada, poderá não ser verdadeira, mas ser afastada por impossível se afigura passionalismo científico, que é sinônimo de anticientífico. De fato, a eletricidade não era apenas dança de rãs e Galvani o maestro? Não foi recebido com sarcasmo, por absurdo, nos meios científico, o para-raios de Franklin? Um parecer técnico de uma douta comissão alemã, segundo conta Flammarion, não condenou a estrada de ferro, só porque o excesso de velocidade perturbaria demasiado o cérebro dos passageiros e traria vertigens aos que vissem o deslocamento dos comboios com tamanha rapidez?... Nos primeiros anos deste século, que se diria de alguém que anunciasse com segurança o rádio, a televisão, o avião a jato, o foguete conduzindo naves que dessem volta à Terra em inimaginável velocidade e até pousassem na lua?... Louco, visionário?!... Ou, então, nulidade absoluta de espírito científico!...

Se pensarmos nisso, teremos mais amplitude de julgamento e maior capacidade de apreciação das hipóteses que se formulem, sem condenação precipitada decorrente de uma posição pseudo-científica, mesmo que provenha dos homens de ciência ou ciências de outros campos, onde a sistematização de conceitos e os desenvolvimentos lógicos se ajustam a padrões normais, mas não, necessária e rigidamente aplicáveis a um domínio onde prevalece a surpresa, o inesperado, a mobilidade, a fluidez, enfim, algo que exige novas formas de pensar, analisar, induzir e deduzir. Exige ainda, para além da indução, quiçá, uma intuição mais profunda que, provavelmente, será apanágio do homem de amanhã!

Não há dúvida, fatos como esses dão o que pensar e lançam

Além da Parapsicologia

interrogações ao futuro... Uma simples leitura no subconsciente de alguém por uma pessoa sensitiva, que se encarregou, como que automaticamente, em virtude de seu psiquismo inconsciente, de dramatizar o resto: o suposto personagem aparentemente enraivecido, os seus gestos, os termos que traduziam a sua ira etc. etc... ou então, a realidade de uma "terrível vingança", cujas raízes se encontrariam em um passado mais ou menos distante, segundo pensam os espíritas?!... Seria isso possível? Quem com segurança, responderá: "NÃO"?

25) Que aconteceu? Hipnose atípica, espiritismo de verdade, ou poder estranho de um subconsciente atuante?

Desde algum tempo, tomava eu parte em reuniões onde fazia algumas experiências de aplicação de passes magnéticos, fato do conhecimento do prezado amigo dr. Oliveira Bello, então com consultório à Praia do Botafogo, 436. Após consulta a esse ilustre facultativo, orientou-se um meu amigo no sentido de que conviria experimentar um tratamento dessa natureza para sua esposa e que para tal, deveria me procurar. Assim o fez, naturalmente, pensando em aplicação de tais passes. Ver-se-á que isso não ocorreu e que alguma coisa diferente, de surpresa, produziu resultado positivo indiscutível, dando com que pensar... Deponho assim:

Compareço à residência de meu amigo general Paulo Torres. Recebe-me juntamente com sua esposa, que, desde algum tempo, vem sofrendo de certos sintomas estranhos, que se acentuam mais depois do anoitecer. Indago, completamente alheio ao que pudesse fazer ou como iria proceder, face à conversa telefônica com meu amigo, um pouco antes. Sua esposa finamente educada, tratando-me com a cerimônia natural para com um recém-chegado, a quem não conhecia, começa a descrever o que vem sofrendo desde alguns meses: mal-estar que aumenta logo ao cair da noite, sensação estranha de pressão na cabeça, produzindo ansiedade e insonia, resultando em grande nervosidade. Tratava-se, havia meses, sem resultado. Ouvindo atentamente, de repente, interrompo-a, dizendo ao casal:

– Não sei porquê, mas desejo convidar ambos para uma

reunião em minha casa, de estudos espiritualistas, na próxima quinta-feira. Asseguro que não desejo fazer qualquer proselitismo, de vez que, na minha idade e experiência, isso já não tem importância.

Sou, então, interrompido, súbita e agressivamente, pela senhora não mais em seu estado normal, pálida, com a fisionomia sensivelmente transformada e tratando-me de você, em absoluto contraste com o seu comportamento anterior, nos termos que seguem:

"Não tem importância, não tem importância, não tem importância! Como não tem importância? Então você vem aqui para me levar, sinto que vou ser arrastado para longe dela, que não posso ficar mais com ela e você diz que não tem importância?" (Tudo isso com muita veemência). Procuro acalmá-la, mas prossegue, sempre mais enérgica:

"Sabe com quem está falando?" (Assim várias vezes seguidas). Respondo-lhe:

"Não, mas sinto que não há maldade em você, apesar dessa energia; há ignorância e inadvertência para, inconscientemente, estar fazendo mal a essa criatura"... Enquanto isso, atropelando-me as palavras, e sempre mais energicamente, insistia:

Sabe com quem está falando? etc... Até que afinal diz:

– Eu sou o pai dela e não posso estar longe da minha filha, não posso ficar longe dela, etc...

Segue-se diálogo de certa tônica esclarecedora. Sobrevém acalmar-se progressivamente e, a seguir, uma despedida suave, voltando a senhora a seu estado normal anterior, surpresa. Havia ficado boa. Cerca de 15 a 20 dias depois, o meu amigo, encontrando-me, diz:

– Sabe? Com aquilo que ocorreu, foi o mesmo que tirar aqueles sofrimentos com a mão.

Foram depois à nossa residência e continuava a senhora desse estimado amigo em saúde normal.

Comentário: Que teria ocorrido? Que mecanismo haveria promovido essa cura, sem considerarmos a hipótese espírita ou análoga? Não houve sugestão. Ação de presença? Mas que credencial de um "não médico" para essa "catálise", um ilustre

Além da Parapsicologia 117

desconhecido, sem qualquer condição para impressionar? Demais, limitava-me apenas a ouvir, quando interrompi e convidei para irem à minha residência, aduzindo algumas palavras, inclusive aquela que deflagara o processo – **importância** – Será demasiada agressão ao bom senso pensar em hipnose, quando, calado, ouvia apenas descrição de sintomas... Nem mesmo sugestão que proviesse de um gesto qualquer, poderia ser arguido, se houvesse feito passes.

O meu subconsciente estaria agindo à revelia por caminhos insuspeitados, com os poderes ilimitados que um extremado parapsicologismo lhe quer conferir? Que se faça essa hipótese, "refúgio tranquilo", como já disse, para certos pseudo-cientistas... Que ocorreu então? Calharia aí aceitar-se a presença atuante de entidade espiritual? Uma hipótese. Entidade espiritual que houvesse sido pai daquela senhora? Hipótese espírita. Que esta não se afirme com segurança ou prova insofismável, mas quanto a sua adequação, julgue o leitor. Subconsciente operante, entidade espiritual? O quê?

26) – Um sonho?... Uma alucinação?... Uma realidade, uma visita?...

Certa noite, logo ao deitar, tenho um sonho bastante claro, como se fosse realidade objetiva. Um tio, há muito falecido, como rejuvenescido, bem disposto e feliz, de mim se aproxima, dizendo:

– Vim fazer-lhe uma visita!...

Chega-se a mim, abraça-me carinhosa e estreitamente. Nesse ínterim, digo-lhe:

– Mas o sr. morreu!... Como, então, está aqui tão firme e forte?...

Repete apenas:

– Filho, vim fazer-lhe uma visita...

Nisso, sinto que o abraço vai se desfazendo como se forças lhe faltassem, ao mesmo tempo em que insiste em, ainda, apegar-se a mim. Vai se afastando e suas mãos vão correndo sobre os meus braços, dos ombros às extremidades, procurando como que, ainda, fixar-se segurando-me. Logo a seguir, atingidas as mãos, aí se detêm, apertando-as a princípio forte e depois tênuamente, como a, em um último esforço, manipular-me os dedos, entre os seus, com vivacidade e, até, certa ansiedade. Nesse ponto, desperto um tanto emocionado. Refaço-me e adormeço novamente... No dia seguinte, ao despertar, extraordinária surpresa esperava-me: estava solta, na cama, a minha aliança, apesar de colocada atrás de um anel de grau bastante apertado (ainda hoje o uso e ainda o é), para tirar o qual, muito esforço seria necessário. Fiquei admirado. Sabia da dificuldade da retirada desse anel, para então, tirar a aliança, pois essa operação me exigira, certa vez, o uso de sabão. Só então, nesse momento, lembrei-me do sonho da véspera e da manipulação dos dedos, associando-os para, talvez (?) explicar aquela ocorrência... Lá estava a aliança solta na cama... e o anel, ainda apertado e "tranquilo" no mesmo dedo, no seu lugar...

Eis um caso simples, que encerra ampla margem para a hipótese de que se teria tratado de uma visita real em que o ser invisível, para não deixar dúvida, teria deixado um sinal físico de sua presença...

Comentário: A única hipótese possível, que não a transcedente, isto é, a da visita real, seria a de que a aliança haveria sido, retirada em um acesso de excitação nervosa. Contra essa hipótese, militam duas razões:

1ª) Aliança e anel não sairam, e ainda hoje não saem, se não com manobras calmas, firmes e de alguma técnica; ora, a excitação teria levado a uma ação rápida e desordenada.

2ª) Na hipótese formulada, haveriam saído os dois e, nesse caso, o anel, depois de retirado, teria sido recolocado no dedo. ficando a aliança de fora. Lembro que a aliança era (e é) colocada por detrás do anel. Em vista disso, essa tal excitação nervosa, no caso, teria sido planejada, isto é, teria seguido procedimento complexo, inclusive o raciocínio conducente à reposição do anel de grau... Seria possível? Quem sabe?...

Que haveria mesmo acontecido? O meu tio – Luís Moreira teria ali estado e conseguido desmaterializar a aliança, retirando-a e deixando-a fora, para que eu não duvidasse de sua presença?! A minha personalidade subconsciente, temporariamente operante, teria criado a figura de meu tio, a ponto de

Além da Parapsicologia

fazer-me percebê-lo perfeito de saúde e, objetivamente, constituído fisicamente como qualquer pessoa??! Sim, é possível. E a retirada da aliança? Como se haverá conduzido toda a técnica dessa operação?

Eu próprio, numa excitação nervosa?

A personalidade supra-normal de meu tio, apesar de imponderável?

Minha personalidade subconsciente, operando segundo determinados processos ainda desconhecidos?

Estas são as perguntas que aqui ficam postas diante do leitor, diante da vida... Para mim, que vivi aquele sonho, vivendo o fato intrinsecamente, o encontro daquela aliança solta, coincidindo com tal sonho e nas condições em que terminou, não deixa dúvidas: devo inclinar-me para a hipótese de que, mais provavelmente, recebi uma visita. E a prova ficou... Estarei certo? Ainda pergunto e duvido... Então, se assim é, que acontecerá a quem apenas souber do fato pela palavra ou pela escrita?... Em sua maioria, dará de ombros, negando-o, ou então, terá o que pensar, como eu, que mesmo passados tantos anos, ainda sinto dificuldade para opinar no plano estrito de uma análise, vamos dizer, científica. Nesse fato, porém, esbarra-se com algo supra-normal e, substancialmente, com muitas interrogações, muitos pontos ignorados, permanecendo o relativo "mistério" da coincidência do sonho com o fato jamais repetido ou acontecido em mais de 30 anos de uso daqueles anéis... Ação psíquica subconsciente? Um sonho, apenas? Uma visita probativa de uma realidade maior?!...

2ª Parte
Outro Plano de Existência?

O Universo é um dinamismo A vida mesma, desde a célula mais elementar até o organismo mais complicado, é uma espécie de movimento determinado e organizado por uma força diretora. A matéria visível que nos parece no estado presente ser o Universo e que certas doutrinas clássicas consideram como a origem de todas as coisas – movimento, vida e pensamento – é somente uma palavra vazia de sentido. O Universo é um grande organismo, dirigido por um dinamismo de ordem psíquica. A mente cintila em todos os seus átomos. Há mente em todas as coisas, não só na vida humana e animal, mas ainda nas plantas, nos minerais, no espaço.

Camille Flammarion

Capítulo VI
Conceituação de plano de existência

A pergunta que ora fazemos, no título desta segunda parte, a ela não tem podido responder a ciência das universidades, a ciência oficial. Provavelmente tentará fazê-lo outra ciência, aquela que não se erige dos dados apenas da experiência sensível, normal, mas que, sem os abandonar, perquire um pouco além, utilizando faculdades perceptivas outras do ser humano. As livrarias estão cheias de ensinamentos desse teor tidos como fantasias por muitos, respeitados e admirados por outros. Não nos propomos a fazer, aqui, uma profissão de fé, nem a defender cientificamente o que supomos ser, pelo menos, mais próximo da verdade com respeito a essas duas posições, supostas ambas científicas: a primeira, de observação apurada, cuja tônica se afirma no campo mental, de dominância absoluta do intelecto; a segunda de vivência sentida, abrindo-se a percepções extra-sensoriais e apelando para o aprofundamento intuicional do espírito. A primeira, mais uma ciência objetiva da natureza, tal como se revela aos nossos sentidos desarmados ou armados do mais perfeito instrumental presentes o raciocínio analítico e a síntese indutiva, propiciando a descoberta das leis que regem os fenômenos; a segunda, mais uma ciência subjetiva, vivencial, levando a uma, penetração mais profunda na natureza do ser humano ou qualquer, aquela ciência que tem atrás de si o prestígio indiscutível dos maiores instrutores que têm visitado a humanidade, deixando no mundo traços de luz: Krishna, Buda e Cristo. Não! A nossa posição, prosseguindo este trabalho, continua a mesma; de senso objetivo, ao modo do depoimento feito, analisando-o, sucintamente, para concluir se ele aponta ou não para a sugestão ou para a convicção da existência de outro plano de expressão de vida. Por isso mesmo, não nos alongaremos sobre realizações, até o presente, da parapsicologia, que apresenta novo aspecto e novo vigor de pesquisa em torno de fenômenos básicos, até mesmo elementares, da metapsíquica de Richet, nem procuraremos basear conclusões sobre os fundamentos que se encontram nas obras de elevado número dos mais dignos e conceituados cientistas que a esses estudos se têm dedicado. Restringir-nos-emos ao nosso próprio campo, à nossa própria vivência. Diremos: estamos certos de que tudo o que nos tem acontecido nesse domínio, parte do qual relatamos, aponta, sugere e fundamenta a convicção de que há outro plano de existência. Como fatos de observação científica, pouco do que relatamos serviria para justificar essa conclusão. Seríamos "bastante tolo ou ingênuo", se assim pensássemos. O caso é, porém, que muito do nosso depoimento é de vivência integral, é de totalidade experimental, algo que se aprende ou se apreende ou se percebe (se assim podemos dizer) não só pela vista, pelo ouvido ou pelo tato, mas pela integralidade do ser, de forma total, decisiva. Uma coisa e ver, outra viver; uma coisa é julgar de fora, outra ser parte naquilo que se julga. Daí, as análises que se seguirão calcadas no depoimento feito e que aqui apresentamos, tentando como que resumir esse próprio depoimento, no que mereça destaque de valor, no conjunto das diferentes partes dos relatos apresentados. Os fatos referidos e muitos e muitos outros têm sido suficientes, no que nos concerne, para uma tranquila visão do mundo e busca discreta, é verdade, mas efetiva, de um proceder tanto quanto possível inspirado nas grandes linhas da **harmonia**, da **paz** e do **amor universal**.

Todavia convém, inicialmente, considerar a seguinte pergunta:

– Por que "um diferente plano de existência ou de vida"?

Admitimos que vivemos em certo plano de manifestação ou de existência. Então: há forças, há energias de toda ordem físicas, emocionais, mentais, morais que se revelam, se expressam, neste plano de existência em que estamos e em que nos reconhecemos. Nós, os da humanidade, para todos os efeitos, os seres física e psiquicamente mais perfeitos, pois temos capacidade de inteligência e de expressão no mundo moral, que se revelam através do nosso condicionamento de toda ordem como criaturas ou pessoas humanas, somos excepcionais, por vivermos estados de consciência de tal ordem que nos afirmamos a permanência de um **eu**, de um ser à parte, capaz de observar e estudar o cosmos... Então, o que realizamos na ciência, baseados em fatos, na experimentação, o que somos, erigindo uma cultura, uma civilização e as atividades de todos os demais seres, tudo é demonstração de uma vida operante ou de um potencial que se atualiza em certo tipo de existência – a que chamaremos – este plano de existência. Então, neste plano de existência, lidamos com a matéria em suas múltiplas modalidades e, agora, concluímos que ela se resolve em energia; lidamos com as várias formas de energia, aprendemos que se transforma uma na outra, segundo determinadas leis e já aceitamos que a energia, inversamente, condensando-se, se transformaria em matéria; lidamos com os vários reinos da Natureza, classificando seus entes e conhecendo-lhes as características, de forma já bem precisa; lidamos com as criaturas humanas, avançamos no conhecimento de sua psiquê e a psicologia moderna, calcada em concepções dinâmicas, mais e mais, abre os horizontes para o conhecimento da intimidade da infra-estrutura desse mundo psíquico. Quando fazemos tudo isso, estudamos, aprendemos e vivemos existências e condicionamentos energéticos ou materiais de toda ordem, bem assim emocionais, mentais e morais, de manifestação neste determinado plano de existência!...

Justificam-se, então, as perguntas:

Haverá outro plano de existência, analògicamente, com seus elementos específicos, tais como outro tipo de matéria que não a do nosso plano, que, materialmente, se resolve no átomo de hidrogênio? Outra hierarquia de energias, que não as do nosso mundo físico? Outros reinos da natureza, que não os nossos conhecidos ou melhor, outras formas de seres dotados de corpos formados desses outros tipos de matéria, possuindo as suas específicas condições biológicas, a sua própria fisiologia e, talvez, então, a sua própria e particular expressão psicológica? Tal o outro plano?!... Haverá isso, ou tudo o que, em

Além da Parapsicologia

experiências transcendentais, se revela inexplicável e chocante mesmo face aos conhecimentos científicos atuais, será apenas continuação, aperfeiçoamento ou modalidades novas das próprias energias deste plano, da própria matéria, do próprio ser, deste nosso e mesmo plano de existência? Impossível, por falta do testemunho dos nossos sentidos?!... Como pensar assim, se sabemos que percebemos apenas uma faixa limitadíssima da escala vibratória do próprio mundo físico e estamos apontando para a possível realidade ou existência de uma outra gama de vibrações, que condicionem outro plano de nível de manifestação?!... Haverá qualquer razão, ou razões, apoiadas no bom senso cartesiano, para nos enquistarmos, congelados de pensamento, nessa suposta impossibilidade aconselhada pelos nossos precários sentidos, quando, pelo quadro da própria evolução cósmica pregressa, temos o direito "científico" de admitir que outros sentidos ou faculdades psíquicas, agora em embrião, poderão desenvolver-se no curso futuro das idades? Parece-nos clara a opção... Sendo assim, para nos entendermos, convencionemos: – este plano – o **plano físico**, outro possível plano – com a sua física, sua química, sua biologia, sua fisiologia, até mesmo a sua sociologia – **o plano astral**. Permanece, então, assim, a pergunta: Haverá o **plano astral**? O depoimento apresentado, sugere-o, justifica-o? Demonstra-o pela possível ingerência de seus habitantes em nossas atividades, isto é, nas do **plano físico**? E, se assim for, não se passará tudo como se um fluxo de mente e de consciência, caracterizando um ser humano ou afim, pudesse operar indistintamente nesses dois planos, identificando-se até no âmbito do procedimento, do pensamento e da própria vida moral?!...

Na verdade, nessa linha de pensamento, parece-nos que o depoimento sugere:

1°) A existência deste outro plano;

2°) A conclusão de que, no âmbito psicológico, moral ou espiritual, tudo se passa como se os dois fôssem identificáveis;

3°) Que, em consequência, haverá apenas diferentes planos no que tange à expressão ou criação de veículos ou corpos materiais, através dos quais aquela consciência e aquela mente colham experiência com o fim que, cientificamente, é discutível, é uma interrogação, mas as filosofias e religiões sempre apontam como o melhor bem, com vista à felicidade futura do próprio ser humano. O ser, em si próprio, transcenderia a conceituação de plano de vida ou expressão existencial. Demais, esse outro plano, o plano astral, implicaria mui provavelmente outros condicionamentos dimensionais, talvez uma perspectiva ou realidade demonstrada de uma 4ª, 5ª ou mais dimensões, que corresponderiam a uma percepção bem mais ampla do ser humano ou afim, a um estado de superconsciência, ante o qual o Universo se revelasse mais rico de formas de vida e energias, até aqui insuspeitadas. Tudo isso seria de consequências imprevisíveis para o enriquecimento da Ciência atual. Esse assunto constituirá o objeto da 3ª Parte deste trabalho.

CAPÍTULO VII

Ação da personalidade inconsciente ou subconsciente neste plano tridimensional: Um vislumbre de outro plano – 1ª análise

Na verdade, se bem nos ativermos aos relatos feitos, veremos, evidentemente, que muitos e muitos dos fenômenos descritos, apesar de inabituais, poderão ficar no âmbito do plano físico, não impondo, necessariamente, a existência desse outro plano. Quando, por exemplo, no relato n° 1 consideramos a estranha mensagem do suposto dr. Lourenço, noticiando em Itu, São Paulo, fato passado em Alagoas, nas condições descritas, um espírita logo interpreta que o suposto Espírito, apresentando-se como médico, apreendeu o fato e comunicou, senhor que seria do tempo para ver no passado, e do espaço, para, só no tempo da pergunta que lhe fizemos, ir a Alagoas e voltar, dando a informação. Essa hipótese simples e simpática, para os que crêem na imortalidade, não é imperativa, se bem que outra ou outras sejam mais complexas e de mais difícil compreensão. Por exemplo: o subconsciente de Portugal.., que se achava sonambúlico, teria apreendido o fato no subconsciente de alguém que o conhecesse, não importa a distância, inclusive com o diagnóstico dado (?) e, a seguir, transmitido, passando por médico, de vez que todos os presentes se achavam predispostos ao reconhecimento dessa condição na personalidade subconsciente em manifestação. Ou, então, os fatos se gravariam como que numa tela interior da própria estrutura do mundo físico, espécie de fixação global de todos os eventos em um substratum, ainda para ser descoberto e estudado, constituindo uma espécie de memória da natureza e aí, nesse substratum, seriam apreendidos pelo sensitivo!... Seriam hipóteses um tanto audazes, mas dignas de consideração por parte da pesquisa científica, a par de sua natureza simplista e, no caso, nada tranquila face a seleção feita naquela memória e naquele instante. Não se justificaria, porém, nesse caso, a hipótese, também da possível existência real da personalidade informante, dada a segurança, a precisão e, particularmente, as circunstâncias de espaço e tempo do que afirmou em relação ao nosso pai? Ou seria artificial essa personalidade subconsciente do nosso amigo Portugal, mergulhado em transe espontâneo; esse dr. Lourenço? Em qualquer dessas duas hipóteses, não haverá aí o vislumbre de outra contingência ou condição existencial, a insinuação ou revelação de possibilidades extraordinárias para o exercício das virtudes ou capacidades psíquicas do ser humano?

Ou então, simples coincidências, dessas, às vezes, incríveis que a vida oferece?!...

Também, alguns fatos assinalados, comprovando acentuado efeito curativo, apesar do interesse que encerram pelo inabitual que revelam, também se limitariam a exigir estudos de tipos de energia ou de irradiação de virtudes terapêuticas, no âmbito deste plano. Assim seriam os casos relatados de n°s 7 a 11 em que a simples imposição de mãos ou a irradiação a certa distância produziu um decisivo, inciscutível e duradouro efeito. Estaríamos, assim, lidando com modalidades energéticas deste plano de existência, nos termos em que o conceituamos. Assim é que se curariam sofrimentos ou nevralgias na cabeça, bursite, etc... em estado agudo de dores insuportáveis, como referido nos casos de minha irmã Lourdes (bursite), no caso do capitão A. Gomes (terrível nevralgia na cabeça), no caso do meu tio dr. J. Oscar (crise aguda de colite), no caso do filho de um amigo – o dr. Clovis (inflamação no joelho, com mui intensa dispnéa), sem que seja necessário pensar ou aceitar algo que implique em outro plano de existência... Isso afirmamos, vendo o problema ou o fato como o leitor, isto é, de fora dele... Sem ser parte...

Como parte, porém, e esse o nosso caso, já algo estranho, outros elementos sérios que ponderar, que considerar:

1°) A compulsão inexorável para agir:

2°) A impressão forte, como de uma presença que se impõe e explora o desejo de curar, de beneficiar alguém, transmitindo

Além da Parapsicologia

a certeza de que algo certo, eficiente, necessário, bom, se está ou estaria passando... e de fato se passa ou acontece. Aí, então, já se apresenta um vislumbre de hipótese de algo fora do normal deste plano, quando se sabe que tudo no instrumento de ação, no caso nós, conspirava contra a medicina, ao tempo absolutamente fora de toda nossa preocupação de estudande de Engenharia Civil e, depois, engenheiro, oficial do Exército e professor... Vejamos apenas, pois aqui, um pálido vislumbre da hipótese de outro plano de existência, em que se possam exercer outras e extraordinarias capacidades do ser humano. Este realizaria em si condições e capacidades dos dois planos: deste em que nos encontramos conscientes operadores e do outro, onde, incidentalmente, poderíamos agir e que coexiste com o primeiro.

Capítulo VIII

Perspectiva definida de uma realidade maior – Outro plano – 2ª análise

Como dissemos desde o início, nunca pretendeu esse livro ser científico. Foi escrito e está apresentado como um depoimento dedicado aos que têm capacidade para crer em honestidade. Por isso mesmo, também, esta análise é discreta, não aprofunda com rigor de ciência fria, que lhe falta para isso uma também fria, monótona e maciça documentação. Não é esse o caso, pois, nesta análise. Todavia, estarão nela o calor da vivência dos fatos, o apelo, por vezes, à intuição conclusiva, ao mesmo tempo que o intenso desejo de estimular a pesquisa dos que porventura se inclinem para esse campo. Vejamos.

No caso nº 4, em que referimos a "luta" com o professor de Geometria Descritiva, o inesperado da compulsão da escrita velocíssima, com a precisa referência das páginas de um livro desconhecido com relação ao assunto versado, o teor, a tônica expressiva do objetivo moral da mensagem escrita e, afinal, o seu fruto, não deporão a favor da existência supra-normal daquela personalidade – Monge? Por que ginástica mental, ou artificioso malabarismo, será preferível a hipótese de nós próprios havermos feito tudo aquilo? Isto é:

1º) Em mui poucos minutos, ditar questões daquela matéria, além do nosso conhecimento e organizadas de tal maneira que a execução de uma delas impressionou sobremodo o professor?!...

2º) Criar aquela personalidade e fazer referência precisa a páginas de um livro científico, cuja capa jamais víramos, nem de longe?

3º) Arvorar-nos em nosso próprio protetor, em plena consciência disso, como se fora um estado de desequilíbrio psíquico, que o futuro muito longe esteve de confirmar?

4°) Impor-nos condições de procedimento para nós mesmos inaceitáveis, situação de reação em que nos mantivemos por 2 a 3 meses?

5°) Afinal, obtermos nós próprios ótimo fruto de tudo isso, contrariando-nos mesmo, mas, evidentemente, no bom sentido de dominar a animosidade e o ódio que, então, votávamos ao professor e nos dinamizava o ser, jogando-nos contra ele?

Aqui, parece, o vislumbre da existência de outro plano, ao qual possa pertencer uma entidade que revelou as capacidades citadas, amplia-se, oferecendo-se ao pensamento maior fundamento para a sua realidade.

Mais à frente, no relato n° 6, aquela alucinação visual de impressionante nitidez, criando uma imagem tão viva e expressiva que, hoje, volvidos, 39 anos, ainda a mantemos, impressionantemente atual, na recordação. Acresce o fato da percepção efetiva de uma semelhança, de uma parecença com pessoa conhecida cuja descrição foi totalmente identificada, por nosso companheiro de quarto, como coincidindo com a fisionomia de seu pai, já então falecido, o qual jamais víramos. Tudo isso não sugerirá, porventura, e incisivamente, ao menos, a possibilidade da sobrevivência daquela personalidade? Argumentar-se-ia que essa imagem fora apreendida, por nossa hipersensibilidade, no inconsciente ou no subconsciente do filho que dormia. Aceitamos a hipótese como absolutamente digna de ser investigada e, quiçá, comprovada, mas ficará a pergunta:

Não haverá um turbilhão de incógnitas ou "mistérios" maiores ainda que o da existência astral, para explicar a seleção dessa imagem, dessa figura, e assim tão nítida e tão viva, no *underground* cerebral ou psíquico do nosso amigo?... Pois, certamente, que milhares e milhares ou milhões e milhões de imagens já perpassaram pelo psiquismo, e nele moram, de um adulto de mais de 20 anos?!...

Não há dúvida, mais uma vez sem grande pretensão científica, mas com precioso argumento, parece justo concluir pela possibilidade, ou melhor, maior probabilidade de outro plano de existência! Não será verdade?...

Que dizer, então, dos fenômenos de transporte e luz, descritos nos números 17 e 18? Qualquer experiência de laboratório, de física ou química, exige conhecimento, isto é, trabalho mental, dirigindo uma técnica operacional. Uma simples demonstração das leis da reflexão ou refração demanda técnica, inteligência na ordenação e disposição dos meios. Uma simples reação química exige conhecimento das proporções entre os reagentes, a sequência da sua utilização, a observância, às vezes, de tempo e uso de elementos ou meios auxiliares... Para isso, é preciso estudo de vários anos e uma prática efetiva. Que se poderá dizer, então, do necessário em conhecimento, em técnica, para produzir o que temos tantas vezes visto, e que já relatamos, sobre fenômenos de luz, mas de uma luz que não conhecemos; de transporte de objetos através das paredes ou portas fechadas e controladas, implicando em complexíssimos fenômenos, ante os quais costumamos dizer encontrarmo-nos como um "paralelepípedo" fitando as estrelas?!... Onde essa inteligência, onde essa técnica, entre nós, para alcançar tais alturas? Tal padrão?!... Serão poderes do nosso subconsciente? Sim, mas, então, onde os assimilou? Como se manifestou e como operam? Mesmo nessa hipótese, tudo se passaria como se o nosso subconsciente, particularmente o do médium utilizado, estivesse operando, com outras energias ou com outros materiais, vamos dizer, com elementos sem conexão, pelo menos aparente, com os de que podemos dispor neste plano físico. Demais, haveria essa possibilidade de o subconsciente do médium ter aprendido tudo isso! Onde? Aqui mesmo? Mas se a respeito a ignorância é profunda, mesmo nos mais altos níveis científicos?!... Não há dúvida, nestes casos, só um caminho para negar a agressividade com que se apresenta a perspectiva de outro plano de existência: negar os fenômenos, fugir deles, vilipendiar ou ridicularizar, imitar o ridículo já referido, quando Galvani era chamado o "Maestro das Rãs", apesar de, na época, já sentir e dizer-se seguro de haver descoberto uma das forças mais poderosas da natureza!... A eletricidade não está aí mesmo, cerne energético de nossa civilização? Seria, então, fácil, aqui: observadores de luzes mistificadas ou de transportes ilusórios... em todas as partes do mundo!...

Além da Parapsicologia

Uma série de considerações análogas poderíamos apresentar quanto ao caso de n° 18, em que se dá a súbita amarração dos pulsos do médium Zézinho, nas condições descritas.

Aí, como acentuamos ao ensejo de sua exposição, tudo nitidamente se passa, e de forma muito objetiva, como se um personagem extra-físico, dotado de plena inteligência e capacidade de decisão e ação, houvesse apreendido da nossa conversa o ceticismo sobre o fato narrado, decidido reproduzi-lo e encontrado meios técnicos para fazê-lo e com perfeição. Vamos convir que admitir tudo isso, todas essas capacidades como decorrentes do ou dos subconscientes de um, dois ou dos três interlocutores, é fazer hipótese demasiado agressiva à probabilidade do real, pelo menos, tanto quanto a hipótese que ora fazemos – de existência daquele personagem em outro plano de vida. Em qualquer hipótese, porém, abre-se a perspectiva de um plano outro em que personagens dotadas de capacidades físicas e mentais, ainda não conhecidas como expressões de consciência e revelando poder de julgamento, de ação, poderão operar... Doutra forma, voltaríamos a dizer: é mais fácil e lógico negar.

Estaria, assim, tudo resolvido sem esforço... Isso, provisoriamente, talvez, pois o futuro bem poderia dar uma resposta diferente, desenvolvendo um campo de pesquisa no âmbito de uma realidade do mais elevado nível, extra-física, envolvendo a integralidade do ser humano nas suas virtudes, capacidades e, quiçá, na sua glória... Não. Aqui, começa a mostrar-se, com bem acentuada probabilidade de ser verdadeira, uma afirmação maior: – um plano de existência onde, realmente, possa o homem já haver colhido esses poderes ou, em outras palavras, onde eles próprios ou seres outros afins, apesar de invisíveis, possam vir atuando e continuem a atuar segundo normas e condições de vida que ainda desconhecemos, mas clamam, exigem lugar nas preocupações de estudos ou perquirições da ciência atual.

CAPÍTULO IX

Afirmação de outro plano de existência!
Outra ou outras dimensões – 3ª análise

Quando apreciamos os fenômenos luminosos e de transporte, já nos abeiramos, seguros, dessa tese, mostrando como a necessidade de admitir um conhecimento, uma técnica e um poder fora do normal, se impunha, decorrendo daí a forte sugestão da hipótese de uma inteligência a serviço de uma consciência capaz de decidir e dispondo de meios de ação para a produção desses fenômenos. Haveria, pois, como um ser plenamente consciente e capaz, em condições tão diferentes das nossas habituais, que o poderíamos, talvez, justificar em outro plano de existência. Se aprofundarmos a análise desses mesmos fatos e das circunstâncias de muitos outros relatados e, mais ainda, se atentarmos para os fenômenos de materialização, nas circunstâncias que referimos, aí, então, todas as razões se intensificarão, evidências se somarão de maneira talvez decisiva. É que, quanto a esses últimos, o ser, inicialmente materializado, ostenta nítida personalidade própria, sem revelar qualquer sujeição aos pontos de vista ou interesse do médium ou de quaisquer pessoas presentes. Bem sabemos das afinidades indiscutíveis entre o médium e a personalidade que se manifesta, justificando, para muitos, a tese de ser ela apenas uma projeção mais ou menos definida do seu subconsciente! Parece-nos, com a nossa já longa observação, uma conclusão demasiado precipitada nada verdadeira, dado que as semelhanças ou influências do médium se apresentam comumente, nos aspectos superficiais observáveis, jamais no que tange à definição dos propósitos, orientação e efetivação dos próprios trabalhos, quando, então, se revela sempre um vigor de afirmação próprio da personalidade manifestante, definindo-a sobremaneira. Haja vista o fato muito comum de toda perspectiva e desejos do médium e do grupo de assistentes ou organizadores das reuniões desse caráter se desfazerem, decepcionados eles, sem nada ocorrer, constituindo o silêncio a resposta às iniciativas e decisões tomadas.

Vamos convir ser justo, bem natural, que o homem de ciência relute em aceitar, como provada, a existência do ser invisível, essencialmente diferente do médium e com tais poderes, preferindo apegar-se à hipótese de que, possivelmente, a sua personalidade subconsciente, em determinadas condições, tenha tal poder de manifestação, inclusive o de criar-se um corpo, um veículo artificial, para essa manifestação. Será uma hipótese respeitável. Todavia, a ser assim, mesmo assim e, exatamente, face a essa própria hipótese, não nos parece haver como fugir à idéia, à afirmação de outro plano de existência, nos termos do conceito em que o apresentamos. De fato, essa conclusão advirá, naturalmente, do que há de complexo e insólito no fenômeno da formação artificial de um corpo humano vivo ou de objetos quaisquer, pois se revelaria que o médium seria muito mais sábio e rico de poderes no seu inconsciente, no seu mundo normalmente irrevelado (outro plano?), mas isso com tal ênfase, demonstrando tal superioridade em relação ao que pode conscientemente realizar, operando neste plano físico, tridimensional, que aquela conclusão se justificaria, isto é, a existência de outro plano. É que tudo se passaria como se essa sua infraestrutura psicológica se houvesse formado em pretéritas e, atualmente, inconscientes experiências, acumuladas assim, sedimentadas, em outro nível ou outro escalão de seu próprio ser, como em outro plano de expressão de vida. É óbvio que, fora essa hipótese de projeção materializada da personalidade subconsciente, que constituiu sempre, e ainda constitui, o refúgio não muito tranquilo dos metapsiquistas para explicar as materializações, há outra, isto é, a da existência real de seres em condições de vida diferentes das nossas e capazes de, em diferentes circunstâncias, se manifestarem nesses fenômenos e em uma infinidade de outros. Apresenta-se, naturalmente, nesta análise do nosso depoimento sobre vários fatos, em particular sobre curas, materializações e efeitos físicos, consolidando-se sensivelmente por ocorrências correlatas e constituindo razões que, a seguir, apreciaremos de u'a maneira, tanto quanto possível, sucinta e objetiva.

Nesta altura da nossa análise, referiremos dos fatos relatados as circunstâncias e razões que apontem para a conclusão de que não apenas o psiquismo humano esteja presente, mas uma unidade de inteligência e consciência, operando independentemente do cérebro físico. Já apreciamos, quando dos depoimentos feitos, essa tônica de muitas das ocorrências referidas. Aqui sistematizaremos vários dos argumentos já apresentados e acresceremos outros tantos, numa sequência tanto quanto possível orgânica, aprofundando a análise.

Antes, porém, de enumerarmos os elementos dessa sequência, colhidos ao longo desse nosso depoimento, antecipandonos a naturais objeções daqueles que considerem porventura precipitadas as nossas conclusões, devemos insistir em que este livro não pretende rigor científico e, também, em que, sendo assim, essas conclusões se fundamentam no critério de atentar para a linha de maior probabilidade entre as hipóteses formuladas ou formuláveis... De fato, concluir pelo desinteresse desse problema da existência ou não de outro plano de manifestação, face aos fenômenos em apreço e às expressivas condições de sua ocorrência, tornar-se-á, verdadeiramente como que uma agressão ao próprio espírito científico, à imposição da descoberta da verdade relativa que seja, porém compatível com os mais seguros critérios de julgamento da própria ciência. Como, aliás, já referimos, restará sempre aos céticos ou comodistas de espírito, o caminho fácil da negação como também, o de hipóteses mais tortuosas ou inverossímeis e, aos preconceituosos, ajustados, de mente e coração a sistemas religiosos ou filosóficos interessados na perspectiva de uma vista curta do homem e do universo, condenar e ridicularizar, sem pesquisa estudo ou meditação. Acresce, ainda, que, como tantas vezes já acentuamos no depoimento que constitui a razão de ser deste livro, há muito de vivência pessoal e é certo que ela influencie toda a nossa exposição e conclusões, tirando-lhes parte do valor científico,

Além da Parapsicologia

impessoal, que porventura pudessem conter! Não importa. É o depoimento que podemos oferecer talvez a poucos, talvez a muitos, a nossa observação, a nossa experiência, um pouco de nossa interpretação e da nossa própria vida!... Assim, prosseguiremos na análise final do depoimento nos termos que seguem, respondendo objetiva e positivamente à pergunta:

– "Outro plano de existência?..."Vejamos:

No caso n° 2, em que descrevemos o simples fenômeno da insólita movimentação de uma pequena mesa, como explicar a persistente influência perturbadora, obrigando-nos à suspensão da experiência, quando todos, unanimemente, desejávamos continuar e insistíamos em prosseguir?... E fomos obrigados a desistir, pela violência dos movimentos da mesa, como indicando animosidade e atitude hostil!... Pondo de parte a energia física produzida e demonstrada, provavelmente decorrente de um somatório energético dos presentes, essa tônica como de uma personalidade estranha e hostil parece impor-se!... Deu- nos, então, tal impressão que, a esse tempo, todos nós, nada versados nessas pesquisas, de imediato, acordamos em suspender tal experiência... um tanto preocupados e até muito emocionados. Nesta mesma ordem de observações em que se move ou dinamiza uma mesa, muitos anos depois, em São Paulo, em companhia do professor dr. Darcy Uchôa, foi-nos dado observar fenômeno em que tudo se teria passado como se uma pequena mesa houvesse ficado animada ou impregnada de uma energia estranha, movimentando-se com firmeza, ao contacto controlado de três ou quatro assistentes, com mãos apoiadas na parte superior, a ponto de subir ao colo e, a seguir, postar-se sobre o peito de um outro assistente – o psiquiatra paranaense – dr. Paregot, que se dizia, ao tempo, possuir faculdades supranormais. Feito isso. desce a mesa, como animada intencionalmente a um fim, vira, postando-se de tampo sobre o solo. Aí, como que é colada vigorosamente, a ponto de nenhum assistente (inclusive nós), por maior esforço feito, poder levantá-la. E era bem leve! Perguntaríamos, que força, que tipo de energia haveria sido utilizada! E como? A técnica usada para tal? Não haveria aí algo que traduzisse um juízo prévio para a ação, no sentido da produção desse fenômeno? Uma capacidade para atuar, que agisse à sua própria conta? Subconsciente individual ou coletivo? Um vislumbre ou afirmação de outro plano?

Face ao relato n° 3, perguntar-nos-emos como havermos nós despertado sob forte impulso e decisão de curar, de aliviar um enfermo demasiado sofredor? Não apreciaremos ou analisaremos aqui o efeito conseguido, o sono profundo que sobreveio ao doente. Dir-se-ia esse efeito, certamente, proveniente de influência, ainda não bem estudada, oriundo da própria presença de um organismo físico humano são ou, então, algo que advenha da sua própria infra ou supraestrutura somato-psíquica. Mas, se nem conhecíamos o enfermo, que apenas víramos, um dia antes, recém-chegado que era ao nosso ambiente?!.... E estudante de engenharia, com sempre presente repulsa ao estudo da medicina, como, durante o sono, ser conduzido a decidir pela cura daquele doente, ao qual não nos ligava qualquer afeição, despertar e conseguir o efeito terapêutico desejado, tal a calma e o sono profundo em que caiu o doente?!... Dir-se-á: aí está, exatamente o "desconhecido" do *underground* psíquico que se deve pesquisar na criatura humana... Diremos: rigorosamente certo. Todavia, acrescentaremos, a nosso ver, com absoluta lógica: é verdade, mas, nesse *underground* psicológico, encontrar-se-iam condições para conceitos de juízo sobre ocorrências (como a enfermidade do paciente), uma consciência, que não a de vigília, capaz de levar a uma decisão e ação, face aos dados de uma situação. Naquelas circunstâncias, do caso em apreço, teria sido um caso clínico apreciado e resolvido por essa consciência ou personalidade fora da vigília, para ser agora, compulsivamente enfrentado pela nossa personalidade normal, isto é, logo desperto. Perguntaríamos, então:

"Onde teríamos colhido essa capacidade inconsciente para resolver, como em consciência, um caso objetivo e dessa natureza?!..."

Parece-nos ter nexo a seguinte hipótese:

Mesmo em nossa vida normal, em vigília, ou durante o sono, teríamos parte de nós próprios como que vivendo e aprendendo, à revelia da nossa consciência habitual, normal, em outro nível vibratório, isto é, em outro plano da realidade única, outro plano de existência. Para explicar esses fatos

Além da Parapsicologia   139

inabituais, sobre os quais já uma imensa literatura histórica e mesmo científica existe, tudo se passaria como se assim fosse... Essa a hipótese, em íntima conexão com a dos metapsiquistas ou parapsicologistas atuais, cujas pesquisas visam precípuamente à descoberta e ao estudo de funções psíquicas ainda não incorporadas à psicologia atual.

Por outro lado, outra hipótese, naturalmente se levanta: a espírita ou espiritualista de tônica reencarnacionista. Neste caso, no relato em apreço, haveríamos estado sob a atuação de uma entidade espiritual operante em outro possível plano de existência?!... Em qualquer dessas duas hipóteses ou posições: anímica ou espírita, eis aí a perspectiva senão a realidade desse outro plano de existência, abrindo-nos um horizonte maior à pesquisa, ao estudo e à meditação. Demais, ainda a propósito da segunda hipótese formulada, a espírita ou espiritualista, convidaríamos o leitor a retornar aos casos de números 12, da cura de nosso pai, 13, da recuperação de um jovem oficial de um estado já prolongado de coma em consequência de sério desastre, 14, da cura imediata de uma criança febril em seguidas convulsões, sem diagnóstico firmado, estado em que já se mantinha por vários dias e, ainda, o 15, de cura da srta. René..., enferma havia dois anos de inexplicáveis acessos em que perdia a consciência, falhando até então todo tratamento clínico. Pediríamos que os relesse, e, ainda, os comentários apresentados. Então, diríamos ao leitor, admitida a honesta descrição da realidade desses fatos, que serão facilmente aceitáveis essas duas conclusões a seguir:

1ª) Que, entre as hipóteses explicativas formuláveis, a que acabamos de fazer para o caso nº 3 comentado, a puramente anímica, que tem o respaldo da metapsíquica ou da parapsicologia, isto é, a que admite a manifestação, apenas, de poderes psíquicos ainda desconhecidos, mas próprios do ser humano, se encontra credenciada e presente, mas, não há dúvida, em sérias dificuldades, se não na impossibilidade de abarcar muitas das mais expressivas circunstâncias referidas como sejam: a tranquila afirmativa de "graça para a salvação" de meu pai (relatada sob o nº 12), que se verificou realmente; o que aconteceu no caso nº 15, da srta. René, com referência à suposta causa da sua enfermidade, jamais pressentida antes, decorrendo sua cura imediata, e, afinal, o indiscutivelmente extraordinário, nas condições e circunstâncias relatadas, da recuperação do estado de coma e consequente salvação de um enfermo que, além disso, se achava com febre altíssima, resistindo a maciças doses de antibiótico!... (caso n° 13).

2ª) Que, em consequência, a hipótese de entidade espiritual operante no seu próprio plano, que seria o tal outro plano de existência é, pelo menos, amplamente justa e totalmente abrangente de toda a gama de circunstâncias e condições então vigentes.

Como já salientamos, pois, em ambas as hipóteses, desponta sob um aspecto ou outro, a sugestão, se não a indicação agressiva, da existência desse outro plano, por isso que, mesmo na hipótese anímica, nesse plano mais sutil, deveria o ser humano cultivar, desenvolver esses poderes e funções psíquicas ainda desconhecidas, tal a argumentação que antes apresentamos.

Prosseguiremos, analisando:

A) Sobre a hipótese da existência do ser espiritual independente do corpo físico, não há como deixar de destacar o caso n° 4, em que uma suposta personalidade procura identificar-se com o nome de Monge. Em verdade, seria o caso de perguntar em que "inconsciente individual ou coletivo" nos teria sido possível, em plena vigília, apreender e escrever, com aquele vivo automatismo compulsivo, a informação precisa de que os assuntos versados nas duas últimas questões propostas (dois complexos problemas de geometria descritiva) se achavam nas páginas numericamente indicadas e limitadas (de tal página a tal página) de um livro antigo, jamais por nós compulsado ou por quaisquer alunos outros da nossa turma, com os quais pudéssemos haver conversado?!... É verdade (e nos antecipamos a isso) que se poderá arguir dentro da prefixada orientação de fugir à hipótese do ser espiritual independente de nós:

Naturalmente a informação foi colhida no inconsciente de quem quer que já lera ou estudara o livro, provavelmente o próprio professor que, certamente, o teria perlustrado.

Bem!... É uma hipótese digna de ser feita e o é, como regra, para casos que tais. Mas o sentido da oportunidade em que o fato ocorreu, acentuado quando do relato feito, o seu signifi-

Além da Parapsicologia

cado global, atingindo incisivamente o campo moral da nossa personalidade em seu comportamento com relação ao procedimento incorreto do professor, o resultado positivo colhido no âmbito intelectual e de atitude cristã para um jovem de então 17 anos, tudo isso apontará melhor para a hipótese, na oportunidade, evidentemente mais consistente, da existência de um ser qualquer, entidade, poder que seja, possuindo capacidade de decidir e atuar, em consequência de haver colhido elementos, para a sua motivação, de uma vivência humana (no caso da nossa), apreciando-lhes o conteúdo para aquelas decisões e ação. Na perspectiva dessa última hipótese, em que a integridade do fenômeno é abrangida, não ficará tudo mais simples, mais claro e, em consequência, plenamente justificável, não como uma prova exuberante ou suficientemente científica da verdade, mas como uma simpática probabilidade maior?!... E a posição oposta: admitir tudo isso como resultante de acasos, de dispersas impressões inconscientes colhidas aqui e acolá no *underground* psíquico de qualquer outro, subestimados os aspectos teleológicos e morais e de oportunidade do fato em tela?!... Nessas condições, dentro do critério de uma maior linha de probabilidade para essas hipóteses, em qual delas, mesmo provisoriamente, nos fixarmos? A de outro plano de existência, com seres inteligentes, conscientes e operantes, dotados de qualidades morais análogas às nossas? Ou aceitarmos aquela outra, puramente anímica, que abandona certos dados incisivos, como sejam as implicações decorrentes das razões da decisão sobre dever ou não tentar um efeito curativo e promovê-lo, acalmando de modo impressionante um acesso agudo de meningite cérebro-espinal, conforme descrito no caso nº 3, ou as que se acham subjacentes e mesmo ostensivas no âmbito intelectual e moral, nesse caso nº 4, em que, dentro da última hipótese, se teria criado, artificialmente, a personalidade que se diria Monge?!... Naquele critério do método científico, isto é, da hipótese dever abranger todos os fatos e dados das observaçeõs e experiências, não há como deixar de reconhecer, como melhor credenciada, por agora que seja, a primeira, que consagra a perspectiva ou realidade de "outro plano de existência"... Aliás, vimos que, mesmo na hipótese puramente anímica, se situa perfeitamente bem a inferência de "outro plano de existência ou de vida", onde o ser humano normal, em circunstâncias ainda não bem estudadas ou apreendidas pela ciência, poderia conseguir o enriquecimento do seu mundo inconsciente e o desenvolvimento de suas capacidades latentes, que a moderna parapsicologia fará por incorporar definitivamente ao patrimônio da psicologia normal.

B) – Já acentuamos no capítulo precedente, 2ª Análise, sob o título "Outro Plano. Perspectiva Definida de uma Realidade Maior?", o valor dos fatos de produção luminosa, do nó complicadíssimo realizado em fração de segundo em plena luz, para a inferência de outro plano de existência. Também no mesmo sentido, já referimos os casos de transportes de flores (cravos e rosas) e os fenômenos de materialização e desmaterialização. Não é, pois, o momento para insistir em nos atermos ao extraordinário desses fenômenos em si, já assinalado e comentado. Consideraremos, apenas, as tônicas de surpresa e intencionalidade que, exatamente, conduzem à maior probabilidade da operação de uma personalidade independente dos assistentes e, quiçá, do próprio médium. Esses dois aspectos, aqui considerados, consolidam e desenvolvem as razões já apontadas.

É que, na verdade, a prática de reuniões desse tipo tem mostrado, quase sempre, se não sempre, a decepção na falha de todo plano imposto, na de toda e qualquer prova, quando exigida. Nas melhores condições de ambiente físico, mental ou social do grupo, o desejado, planejado e esperado sempre falha, quando não previamente aceito pelo "soi disant" orientador (personalidade, artificial ou não, dirigente). Temos verificado, seguidamente, que os fenômenos mais incisivos e demonstrativos ocorrem inesperadamente, de surpresa, como que obedecendo a uma intencionalidade, a uma decisão própria, tomada no momento oportuno e não, quando desejam ou esperam os assistentes por suas deliberações pessoais. Assim aconteceu, por exemplo:

– quando, abruptamente, foi o médium Zézinho empurrado com violência para a frente, como sob um golpe que resultou na amarração surpreendente dos seus pulsos, voltados para as costas, em fração de segundo, em plena luz (caso nº 19)

– quando farto "buquê" de rosas foi colocado ao colo de

Além da Parapsicologia

143

uma assistente (caso n° 18) e se realizou o transporte de grande quantidade de bombons, postos ao colo de uma visitante;

– quando a personalidade intitulada padre Zabeu, depois de apresentar-se à luz vermelha com suas fartas vestes de Papa, se desmaterializou e materializou, com essa luz, à vista de todos os assistentes (caso n° 21);

– quando, como por geração espontânea e súbita, se formou, na sala previamente iluminada, o biombo de matéria branca transparente e, atrás, o vulto de uma noiva percebido por todos os assistentes e que, a seguir, como que mais adensado, desfeito o biombo, passeou pela sala (caso n° 22).

Nesse sentido, ainda referiremos a surpresa também intencional, quando, da primeira reunião de materialização a que assistimos, fomos convidados a ir até junto ao médium em transe, em estado cataléptico bem observado à luz fosforecente, momento em que u'a mão forte, também iluminada a essa luz, nos é estendida para um aperto efusivo e forte. Nada havíamos planejado ou solicitado nesse sentido e obtivemos inesperadamente tal oportunidade, tão expressiva demonstração, que muitos dos nossos amigos e outros observadores, apesar de igualmente interessados nessas pesquisas, porém, um tanto ansiosos, apressados e exigentes, não têm conseguido.

Face ao já exposto e aos aspectos agora ressaltados, parece-nos configurar-se a conclusão plena, o quadro vivo, de maior probabilidade da tranquila existência do ser espiritual, operando num ou de outro plano de existência. De fato, além daquele alto conhecimento técnico já ressaltado para a condução ou produção desses fenômenos de caráter físico e hiperfísico (quando observamos ou melhor verificamos, por exemplo, a passagem de corpos sólidos através de obstáculos sólidos), os quais, se mesmo do subconsciente do médium ou dos assistentes, indicariam, uma aprendizagem e uma capacidade não típica deste plano físico de existência, mais provavelmente, pois, própria de outro plano de manifestação, já não, apenas, tridimensional, essa intencionalidade, revelada nas surpresas de alto valor probativo da tese em mira, atesta uma virtude, uma elaboração de decisão e ação fora da mediocridade ambiente, dos desejos e volições de quaisquer assistentes... Reconhecemos que esses fatos são tão extraordinários que aqueles, que apenas os conhecem de leitura ou referência oral, se justificam, quando defendem as teses do embuste, da fraude, da mistificação. Outrossim, há os que, já os aceitando como verídicos, admitem a atuação de, apenas, poderes psíquicos do médium. Para nós, até certo ponto, se acham justificados. Aqueles, porém, que, com paciência obstinada, os têm observado, presenciando-os dezenas de vezes, nas suas múltiplas e inesperadas modalidades, que se situam no campo apenas da pesquisa de tônica materialista, ou melhor, nada mística, ou aqueles outros que já os aceitam como mais prováveis manifestações de seres outros espirituais, todos esses, enfim, que lidam ou vêm lidando com esses fenômenos, a cada instante, têm de parar, meditar, interrogar e responder a esta pergunta: "haverá mesmo alguma coisa para além deste nosso plano de existência?"... Uns dirão: "Serão, sem, dúvida, poderes desconhecidos ainda do ser humano; investiguemos, descubramo-los e os incorporemos ao patrimônio do nosso saber psicológico".

Outros, talvez apressados, enganados (?), porém também, quem sabe, mais certos e felizes (?) dirão:

"Sim, aí estão manifestações de uma expressão diferente de poder para além do plano em que vivemos, uma demonstração de mente, consciência, vida, energia e espírito, abrindo ao homem perspectiva bem mais ampla de estudos e progresso na senda de um conhecimento maior de si próprio e do seu verdadeiro destino".

C) Como já dissemos várias vezes, é farto de elementos para análise o relato que fizemos. Vimos sentindo dificuldade de seleção e apropriação ao fim a que visamos, na limitação de um pequeno livro. Bem ou mal, já insistimos em algumas das ocorrências marcantes, analisando-as e salientando o seu valor para fundamentar uma possível resposta favorável à conclusão de que há **outro plano de existência ou manifestação de vida e consciência, onde operam seres extra-humanos.**

Desejamos encerrar esta segunda parte, sem alongá-la demasiado. Fá-lo-emos aqui, relembrando agora fatos de tônica quase nitidamente espírita, apreciando os quais, fácil será concluir que pôr essa hipótese de lado implicará demasiada agressão, pelo menos ao bom senso, a essa coisa tão importante e tão

Além da Parapsicologia

particular ao sentimento e à convicção humana, de que dizia Descartes todos se considerarem plenamente aquinhoados. Citamos, de propósito, Descartes no caso, por sabermos que esse extraordinário gênio do pensamento filosófico e científico francês em seu método para atingir o conhecimento verdadeiro, à ciência, deu subido valor a esse bom senso, **critério**, servido pela razão, em busca de **idéias claras e distintas**, conducentes à **evidência**, "**mater**" **da sabedoria,** da verdadeira ciência. Dessa forma, prosseguiremos, justificando-nos previamente, ao invocarmos possuir, pelo menos, um pouco desse bom senso e servindo-nos, tanto quanto possível, de uma análise racional, para, então, conferirmos valor a certos fatos, suas circunstâncias e argumentos nos termos que seguem:

1°) Como explicar o caso n° 16, em que se obtém da maneira mais inesperada, uma fotografia tão estranha?... Numa chapa para fotografar um gráfico de pesquisa técnica, surgirem, como por "passe de mágica", tantos vultos fotografados, como foi descrito?!... E isso corresponder a desejo nosso e até comentário sobre que tão só nos faltava, então, conseguir fotografia transcendental!... Como explicar, pois, esse evento, nas circunstâncias mencionadas, isto é, sem qualquer aparato técnico especial, sem qualquer sensitivo ou médium em experiência, que pudesse ser arguído de haver promovido qualquer fraude?!... Nem o fotógrafo da academia militar, então ausente, operara!... Caso contrário, poder-se-ia arguir que, com perícia e se houvesse planejado, teria conseguido tal negativo. Mesmo assim, seria difícil, senão impossível tal façanha, com uma disposição tão própria e expressiva: – Em um quadro relativamente pequeno, tantas fotografias desde o oficial de marinha facilmente identificável pelo uniforme e dragonas, duas moças, uma de cabelos soltos, um tanto de lado e inclinada, outra de frente com "maquillage" própria, vários outros vultos, até um altíssimo, com vestimenta de gaúcho, de botas, ao lado direito do quadro?!... Sim, responderemos. Mas se quem bateu essa fotografia, o sr. Adalberto, o fez solicitado na emergência do momento, pois funcionário de outro setor, tanto assim que se não advertiu do tempo necessário para a fixação, prejudicando esse documento?!...

– Não há como deixar de concluir, a não ser plena violência ao bom senso e, quiçá, à verdade, dever ter havido prévia decisão para tal resultado, um planejamento e uma técnica admirável, sutil, de execução!... Em que cérebro essa decisão? Que recursos utilizados e qual a técnica de habilidade própria à consecução de tais fins, de tal fotografia com aquela disposição e obtida naquela oportunidade, quando o que se esperava era apenas, e unicamente, a fotografia de um gráfico de aproveitamento, em Geometria Analítica, dos cadetes do 1° ano da academia militar?!... Vamos convir em que, aí, quaisquer que sejam argumentos outros apresentados, a hipótese que plenamente se ajusta é a da existência de uma personalidade **extra**, isto é, que não a nossa e a do sr. Adalberto, que nos encontrávamos em plena vigília da nossa rotina de trabalho normal, às 2 horas da tarde!... Possuiria, então, essa personalidade **extra-física** aquela capacidade de consciência e ação necessárias à decisão e produção do fato ou fenômeno em tela. Nesse caso, revelaria essa personalidade um ser operando **num ou de outro plano de existência**, constituindo essa conclusão hipótese, no caso, bem mais justa e segura que quaisquer outras. Não? Que outra ou outras preferir?

2°) Como deixar de valorizar a ocorrência de n° 26, sendo partícipe, havendo vivido as suas circunstâncias?... Aceitamos que o seu valor caia de mérito para quem apenas a considere de fora. No momento, é o nosso caso aqui e, mui particularmente, o do leitor. Todavia, atentemos para esse caso em termos cartesianos de razão, de análise.

Ainda hoje, usamos aliança e anel de grau, aquela por trás deste. Volvidos muitos anos, hoje, felizmente, com razoável físico, ainda nos é bastante difícil tirar do anular esses anéis. Àquele tempo, bem mais moço, um tanto mais gordo, só mesmo com manobras adequadas, poderíamos fazê-lo, exigindo mesmo o uso de sabão, certa vez. Posto isso, como encarar a coincidência do sonho claro, incisivo, em que receberíamos uma visita que se despede manipulando-nos ansiosamente as mãos, com o fato objetivo, único nos quase então 25 anos de uso, da aliança ser retirada à nossa revelia, achando-se solta sobre o leito na manhã seguinte?!... Acresce que, no sonho, a suposta personalidade afirma ter vindo visitar-nos, abrançando-nos terna e carinhosamente e a seguir, fica como que perdendo energia, desligando-se de nós, fazendo, porém, atritar suas mãos ao longo dos nossos braços, indo fixar-se por instantes, no manuseio um tanto nervoso dos nossos dedos. Ora, diz-nos "vim fazer-lhe uma visita", ocorre essa rememoração nítida de sonho e a aliança se acha, na manhã seguinte, retirada, com o anel de grau no mesmo lugar! Não dará em que pensar?!... Poder-se-á arguir que, em uma excitação nervosa, o que jamais nos ocorrera ou ocorreu, felizmente, até agora, (pois dormimos tranquilamente), poderíamos ter retirado, nós próprios, a aliança!... Sim, nesse caso, retiraríamos os dois anéis. Aceitar que assim haja acontecido força a admitir que, depois, apesar da excitação (no caso deveria ser uma super excitação) e dormindo, tenhamos decidido, com pleno êxito:

– Operar com os anéis, escolhendo-os para tal fim;

– Selecionar a aliança para manter fora do dedo, por ser mais própria ao fim visado;

– Recolocar o anel de grau no mesmo dedo, **de sorte que parecesse estranha a liberação da aliança**.

Essa hipótese, aliás, se choca com o nosso despertar tranquilo imediato ao sonho, e muito satisfeitos por aquela suposta visita de personalidade tão íntima e ligada às nossas mais caras recordações da infância e mocidade. Deve ser recordado, outrossim, que esse sonho, conforme descrito, se passou em um sono rápido de ligeiro descanso antes do recolhimento definitivo ao leito... Nessas condições, não há como deixar de julgar plenamente justificada a conclusão de que o sonho com aquele tipo de despedida, em que a suposta imaginária ou real personalidade de meu tio Luís Moreira me tomou as mãos, manipulando-lhes repetidamente os dedos, já constitui algo sério em que pensar e em que meditar... Teria, então, conseguido a retirada da aliança por processo supra-normal, desmaterializando-a e materializando-a a seguir!... Que realmente ocorreu?... Qual a hipótese mais justa, face à análise feita?!... A espírita é agressiva, demasiado forte, mas outra, onde encontrá-la racionalmente? E mais provável! Quanto a nós, julgamos acenar o fato, de plena razão, para uma possível e, quiçá, mais provável existência de outro plano de vivência, **onde ou de onde opere** ou possa operar um **ser** não dotado das nossas condições normais de expressão neste plano físico, isto é, possuindo um organismo físico dotado de cérebro, em um meio ambiente de matéria e energia de toda ordem, do qual haurimos força, vitalidade e estímulo para ação.

3°) Como subestimar, deixar de conferir especial valor aos fatos e circunstâncias apontados sob os n°s 15, 23, 24 e 25, apesar do que dissemos no item 2° desta 3ª Análise! Referindo-os aqui, finalizaremos a sucinta análise do depoimento, a que nos propusemos.

A respeito desses casos, amplos comentários já foram aduzidos, quando do próprio relato, aos quais pedimos volver o leitor. Apreciará, então, uma característica que lhes é comum e que constituirá, aqui, o motivo maior, o cerne da nossa argumentação conducente à maior evidência e maior probabilidade, se não à convicção, da realidade de seres operantes em outro plano de existência, incidentalmente manifestando-se neste em que nos encontramos. Essa característica se resume na **simplicidade, espontaneidade** e **quase caráter imperativo**, com que a hipótese da **existência do ser extra-físico se apresenta**. Examinando com atenção esses depoimentos de n°s 15, 23, 24 e 25, sente-se o caráter complexo, como também, até forçado e artificial, de quaisquer outras hipóteses porventura formuladas. Na verdade, porém, sejamos sinceros, é bem certo que, se extremarmos a posição consagrada no metapsiquismo ortodoxo, ou na novel ciência parapsicológica, conferindo um infinito de virtualidades ou capacidades psíquicas possíveis à intimidade do ser humano, aí latentes (posição que nada de incompatível encerra em relação à tese da existência de um outro plano de expressão do ser), as quais essa nova ciência, a parapsicologia procurará incorporar um dia ao campo da psicologia normal, face a esse infinito, relativo que seja, seríamos obrigados a suspender qualquer conclusão, no momento. É que não há, em nosso depoimento, exuberância de repetidas incidências de determinadas ou necessárias provas, para afirmarmos, peremptòriamente, dentro do absoluto rigor a que se propõe o espírito científico ocidental, a existência do ser extra-físico, isto é, a existência da inteligência, da consciência,

Além da Parapsicologia

da vontade e capacidade de ação fora do organismo físico. Isso ainda porque, de acordo com o método científico, deveríamos, ter condição para repetir os fenômenos, desde que propiciássemos as mesmas condições de experimentação, de observação. Ora, nesse campo, estamos muito longe disso e não seríamos nós, neste pálido trabalho, que fôssemos insinuar o contrário, isto é, que teríamos essas condições e que a ciência estaria plena de razões para conclusões sobre a realidade insofismável desse ser extra-físico, de outro plano. Não! Acontece, porém, que nos fixamos apenas na linha da hipótese mais provável, por ser mais simples, indiscutivelmente mais simpática ao espírito humano, ao mesmo tempo, não há contestar, que mais geral, complementando, assim, a tríplice condição que Augusto Comte estabeleceu para o lançamento, aceitação ou seleção de uma hipótese científica. Em verdade, nos casos agora apontados, parece-nos bem ponderável, no sentido da hipótese em apreço, os argumentos, que aduzimos a seguir:

a) Uma jovem enferma (caso n° 15), havia dois anos, submetida a vários tratamentos clínicos nesse período, foi curada nas condições relatadas, em que dominou uma estranha compulsão da nossa parte. Sem qualquer fundamento aparente, começamos a afirmar que ela nada teria e que iria sair daquele ambiente curada. Aí, então, em consequência das nossas palavras, vem à baila o nome de uma das suas amiguinhas falecidas havia cerca de 2 anos, fato que precedera de mui poucos dias (2 ou 3) o advento das terríveis crises de que padecia tão vivamente. Relendo esse depoimento, verificará o leitor a forma sumária da nossa atuação e o seu fruto imediato, nas condições expostas, o qual bem se afina com a hipótese espiritualista agora formulada. Arguir-se-ia, bem sabemos, tratar-se de um caso de hipnose, ou forte sugestão, única porta de escape daquela hipótese, dada a objetividade inegável do fato, isto é, a cura da jovem. Mas, como ficarmos com essa hipótese de hipnose, sem que tenhamos, então, reformulado tudo o que se sabe e pratica no âmbito das suas técnicas?... Vejamos, uma verdade, como conciliá-la com as seguintes condições:

– A jovem vem à nossa presença de má vontade, hostil, de vez que, cansada de médicos, nem nos queria ver ou conhecer, esteve em nossa presença, talvez, no máximo por uns 10 ou 15 minutos (se tanto), quando a técnica hipnótica requer tempo, sugestões contínuas, progressivas, próprias, devendo--se promover o estado de transe e testá-lo nas diferentes fases porventura supervenientes e nada disso ocorreu, mantendo-se a jovem em perfeita vigília;

– Limitamo-nos a afirmar, sem plano prévio, antes, até admirados, pois julgávamos que o caso exigiria experiência demorada, a sua imediata cura, dizendo-lhe do afastamento sumário de toda e qualquer influência perturbadora, decorrente da aproximação da suposta amiga, que assim procederia por inadvertência e ignorância do mal que estaria produzindo. Acrescentamos, sem lógica ou razão qualquer aparente, ser ela muito boa e que, assim esclarecida, cessaria aquela influência imediatamente;

– Ministramos alguns passes longitudinais sob a invocação de seres superiores (imaginários ou reais, quem sabe?) que a poderiam curar e a iriam curar e o certo é que curaram... ou ela foi curada.

Pelo visto, recorrer à hipnose para explicar tal fato, de tal importância, sem qualquer técnica que, nem de leve, se assemelhe à hipnose, mantida a paciente em absoluto estado de vigília, não indica bom senso ou coerência. Serve bem esse caminho para fugir à hipótese mais espontânea, simples e simpática, como também absolutamente coerente e completa ante a realidade, qual a da existência de seres espirituais, como vimos sempre escrevendo, operando num ou de outro plano de manifestação de vida.

Aliás nessa mesma posição, sujeito a condições afins e até mais incisivas, se encontra o caso n° 12, que recomendamos novamente perlustrar. Em ambos esses casos, os de n° 12 e 15, a presença de seres espirituais como que, à nossa estranha sensibilidade, se fazia sentir firme, objetiva!... Parece-nos, pois, hipótese digna de ser considerada e até, mesmo que provisoriamente apenas, aceita em casos tais. Lembro ainda, aqui, mais uma vez, e com particular relevo, o caso n° 3. Neste, sobreleva, não há dúvida, a hipótese de personalidade outra atuante de outro plano, como já acentuamos, de vez que:

1°) Como jovem de 17 anos, estudante de engenharia, nunca havíamos pensado em tais problemas, como cura psíquica, magnética ou outra qualquer;

2°) Estávamos dormindo e despertamos sob aquele estranho impulso;

3°) Os atos praticados compulsivamente e com a nossa própria apreciação de surpresa, dúvida e admiração, produziram fruto, dando paz e sono a um enfermo aflitíssimo, em estado agudo de meningite cérebro-espinal.

B) O caso do eletricista (n° 23). Pondo de parte negá-lo, que dizer, que juízo formular? Ocorrerá logo falar de alucinação. Bem. Admitamos. Nesse ponto, porém, analisemos:

– Alucinação de duas pessoas e em instantes sucessivos! Além disso, alucinação visual e auditiva, pois houve, inicialmente, a rápida conversa! Ainda mais, alucinações que ocorrem a duas pessoas às voltas com a rotina doméstica, em pleno dia, e solicitadas por uma campainha que, normalmente, indica uma presença?!...

Admitamos porém, essa hipótese. Como explicar, então, ou melhor, como conciliá-la com a semelhança percebida por uma das pessoas, aparentando com alguém bastante relacionado com o oficial indicado no relato, a ponto de sugerir a experiência do dia seguinte, no sentido de identificá-lo entre várias fotografias? E, mais importante ainda, a perfeita identificação por aquela pessoa do retrato no dia seguinte, entre muitos e muitos outros, trazidos do quartel do 3° RI? E ainda, o fato de o soldado n° 1100, assassinado havia vários meses, ter sido um eletricista mesmo e amigo do oficial, nosso genro, em cuja casa havia serviço dessa natureza que realizar, tal o conserto de um chuveiro elétrico, que, no momento, preocupava o casal?

– A não ser negar o fato, que hipótese outra qualquer, que não a existência de seres na condição extra-física, poderia aplicar-se a tal realidade?!... Está aí um verdadeiro repto aos acastelados numa posição flagrantemente anticientífica e que repelem essa possível condição do ser operante num ou de outro plano da existência!... Não há como discutir: a negativa será a mais fácil solução... Tudo, porém, tem seu caminho, particularmente no que respeita ao enriquecimento progressivo do conhecimento... e o mundo marcha...

C) Afinal, os casos n°s 24 e 25 que relatamos e comentamos amplamente? Aqui, apenas, os evocaremos, por ajustarem-se perfeitos ao tipo de conjeturas, ideias e da hipótese que estamos, no momento, encarecendo, procurando justificá-la nas grandes linhas de sua maior probabilidade. Esses fatos, como dissemos nos comentários aduzidos aos relatos feitos, lançam interrogações que penetram, de muito, outros campos, particularmente, o da medicina e, sobremodo, o da filosofia da própria existência humana, desse homem já agora como um ser eterno, na essencialidade do seu ser, cujas responsabilidades e atividades de vida em vida, de encarnação em encarnação, se interligariam na tessitura do seu destino, suas aflições e alegrias. Pedimos ao leitor volte a ler, em particular o de n° 24, o comentário feito e que lhe dispense um pouco de especial consideração, particularmente à interrogação que o encerra.

Silenciaremos quaisquer outros argumentos... E afirmamos: **Um outro plano de existência. Um outro plano de vida, em que operam seres sem possuírem o organismo físico humano.**

E se ao encerrar a leitura desse modesto livro, alguém concluir, não obstante sua absoluta descrença anterior, que existe, para além dos nossos sentidos normais, uma realidade maior, em que se inspirou o gênio de Shakespeare para intuir que entre o céu e a terra haveria muita coisa que a razão humana desconhecia e, melhor ainda, se, em face dessas novas perspectivas, que porventura se lhe abram ao espírito, sentir uma justificativa maior para as lutas, sofrimentos e dores humanas, bem assim uma compreensão mais ampla e estimulante da dignidade e da nobreza no viver, a inspiração, que vem ditando esse trabalho haverá, por certo, encontrado o seu destino.

Além da Parapsicologia

3ª Parte
5ª e 6ª Dimensões da Realidade

Como descrever o indescritível? Desaparecera o tempo; o espaço não mais existia. Compreendi que os pensamentos são as únicas substâncias realmente tangíveis...

Mme. E. D'Espérance

A energia em sua última essência pode ser incompreensível para nós, a não ser como uma exibição da operação direta do que chamamos mente e vontade.

Prof. J. A. Fleming

CAPÍTULO X

As quatro dimensões do contínuo espaço-tempo.
Fatos parapsicológicos. Outras dimensões?

Desde muito, vem sendo posto o problema de outra ou outras dimensões, face a certos fenômenos, deixando entrever uma realidade que transcende às nossas capacidades atuais de percebê-la, ou melhor, vivê-la e compreender. Colocando-nos na mais avançada posição oferecida pela teoria da relatividade, teríamos quatro dimensões, acrescendo-se às três espaciais uma outra – a 4ª dimensão – o tempo. O espaço euclidiano da geometria antiga orientar-se-ia plenamente segundo três diferentes direções, conforme a concepção cartesiana, bastando as respectivas coordenadas, x, y e z para, convenientemente manipuladas, inicialmente pela álgebra e, mais adiante, com os recursos do método infinitesimal, resolver os problemas da forma, geométricos, como, também, os de movimento, mecânicos. Bastaria, para esses últimos, considerar, não como dimensão ou coordenada, uma variável t (tempo) sugerida ou imposta pela condição psicológica inerente à percepção humana, decorrente da ocupação sucessiva, por um móvel, de várias posições nesse espaço preenchido por um éter, para todos os efeitos estático. Esse éter estaria em repouso, satisfazendo exigências de interpretação do campo da física.

Mesmo os pouco versados na teoria relativista sabem que fenômenos de âmbito da ótica, do eletro-magnetismo e estudos sobre a intimidade da matéria e do campo da astronomia conduziram o gênio de Einstein a uma integral reformulação da mecânica, criando a Teoria da Relatividade, de tal sorte que a mecânica clássica passou a ser como um caso particular da concepção de uma ciência de movimento mais ampla, que, afinal, se apresentou estruturada na mecânica relativista. Einstein desenvolveu a sua teoria à base da concepção do contínuo espaço-tempo, sugerido por Minkowski, no qual se passariam todos os fenômenos de forma e movimento, abrangendo pois, em consequência, todos os fenômenos físicos no seu sentido mais amplo. O tempo t se constituiria, então, nessa quarta dimensão, de vez que também condicionante da percepção. Esse contínuo espaço-tempo, não obstante a natureza flagrantemente diferente dessa quarta dimensão, seria como certo tipo de realidade espaço-temporal, estranhamente abstrata, apenas concebido, já que a nossa consciência, muito provavelmente tridimensional de todos os tempos do passado histórico, que presidiu ao surgir e evolver do ser humano, se nega a permitir um sentido de compreensão objetiva, de vivência de tal contínuo. Pensamos que as três dimensões espaciais não possuem, de si próprias, substância de realidade objetiva, mas se apresentam como sugestão decorrente da forma assimilada, transformada e conceituada em função de uma virtude ainda não bem conhecida da consciência humana. Assim, conjeturamos se o futuro do homem não lhe oferecerá capacidade ou virtualidades bastante para a inferência, compreensão ou sentido de vivência dessa dimensão temporal ou, quiçá, de outra ou outras dimensões dessa ou daquela natureza, que a ascensão humana, ao longo do próprio tempo, possa fazer surgir. Seria a eclosão e desenvolvimento de uma superconsciência, tendo a seu serviço, possivelmente, percepções novas, em consequência de faculdades novas, a qual poderia aprofundar o conhecimento do universo e ampliá-lo, talvez, para o homem de amanhã, na proporção em que a ciência atual dista do empirismo apenas instintivo do animal.

Em verdade, no caminho do progresso científico, hipóteses de trabalho surgem e desaparecem, são substituídas e ampliadas, sempre a serviço da orientação do pesquisador, em busca do que supõe ser a verdade. É mister que a hipótese abranja toda a fenomenologia manifesta, para ter validade científica. Daí, a exigência, também, de uma adequada hipótese, ampla e fecunda, para o campo dos fenômenos parapsicológicos, muitos dos quais desafiam agressivamente conceitos vigentes na ciência do mundo físico, biológico e psicológico, ressaltando os que dizem respeito às dimensões da realidade cósmica, em que nos situamos. É que esses fenômenos parapsicológicos já não podem ser considerados pela ciência atual como do reino da fantasia ou crendice de ignorantes ou de pessoas demasiado religiosas, supersticiosas. De fato, já se acham cientificamente consagrados por exaustivas observações e verificações em experiências conduzidas em meios universitários, entre as quais se destacam as realizadas no laboratório para esse fim especializado da Universidade de Duke (Estados Unidos), sob a orientação do professor Rhine, desde mais de 30 anos. Por uma criteriosa limitação dos seus objetivos iniciais, puderam esses fenômenos ser tratados em termos de quantidade, reduzidos assim ao trato com números. Dessa forma, milhares de experiências foram realizadas na América do Norte como na Europa, cujos resultados a estatística matemática analisou, concluindo, uma vez aplicados os mais rigorosos critérios do cálculo das probabilidades, por sua realidade. São os chamados fenômenos ESP (Extra-Sensory-Perception) e PK (Psycho-Kinesia), os quais, uma vez comprovados, estão a exigir uma teoria, uma hipótese válida que os explique e capaz de traçar adequado rumo às pesquisas, um pouco mais que a ânsia de repetições e verificações, que se tornarão monótonas, de provas já feitas e refeitas, sobejamente analisadas, conduzindo por isso mesmo e por uma atitude um tanto preconceituosa, de *parti pris* quanto à suficiência da posição materialista para explicá-las, ao perigo da esterilidade ou incapacidade de, por elas próprias, oferecerem um enunciado fértil para o avanço científico nesse campo.

Os fenômenos não mais de quantidade, mas de qualidade, isto é, verificáveis em si próprios, independente de número, sobre os quais existe uma imensa literatura, desde o ultimo lustro do século passado, muitos dos quais constantes do depoimento que ora apresentamos e procuramos analisar sucintamente, aguçam sobremodo aquela referida necessidade de interpetação, de vez que escapam, de forma agressiva, do campo da física atual, como de toda ordem outra de ciência – biológica ou psicológica, que porventura informe o homem de ciência atual. São demasiado contundentes, a tal ponto que convidam à negação, ao desprezo, atitude essa bem explicável pela sempre presente – Lei de Per-

Além da Parapsicologia

sistência – em todo o processo da educação humana, aliás em todo processo de evolução cósmica, segundo a qual resistem às mudanças, tendem a permanecer quaisquer estruturas vigentes, mesmo que superadas. Justificar-se-ia, no caso em apreço, por ser mais confortável e compatível com a vaidade humana de um falso espírito científico, negar o que não se compreende e tudo aquilo que atenta contra posições antigas, sedimentadas em um conjunto de convicções julgadas tranquilas no âmbito das academias.

Ora. É bem evidente que, neste pequeno livro e, com as modestas condições de seu autor, muito longe estaremos de pretender credenciar qualquer teoria ou quaisquer hipóteses explicativas. Ousaremos apenas insinuar a nossa posição quanto a esse ponto, por achar-se dentro do propósito que ditou o nosso trabalho. Limitar-nos-emos, por ora, a considerações que julgamos oportunas e plenamente válidas sobre o problema pluridimensional. de que agora tratamos. Implicarão elas em hipótese ou hipóteses interpretativas?!... Que seja! Tratar-se-á todavia, apenas de um dos ângulos do problema científico-filosófico posto pelos fenômenos parapsicológicos, apresentando ao leitor a oportunidade ou melhor o convite para as suas próprias ilações, conclusões ou, ainda, intuições nesse tão delicado e abstrato assunto. Vejamos:

Oferece-nos a Teoria da Relatividade, ao tratar do problema de nosso universo, em suas leis que governam os fenômenos da matéria e da energia, particularmente os de movimento, o tempo t – como uma quarta dimensão, segundo já referimos. Ao mesmo tempo, dá particular ênfase ao significado do deslocamento mais ou menos rápido no espaço tridimensional e confere à velocidade da luz uma valia fundamental na apreciação da contextura é dinâmica desse universo, elemento esse subjacente, implícito, presente na concentração do dinamismo cósmico efetivada na aparente estática da matéria. Esses dois elementos, tempo-dimensão e velocidade da luz servir-nos-ão, supomos, com propriedade, de fundamento às considerações e sugestões que, a seguir, apresentaremos sobre a perspectiva ou realidade de outra ou outras dimensões, conducentes à superação do contínuo espaço-tempo quadridimensional da concepção relativista. Ser-nos-á possível pôr com relativa clareza esse delicado problema?!... Temos nossas dúvidas, mas tentaremos fazê-lo.

CAPÍTULO XI

Da inferência de outras dimensões da realidade consequente à fenomenologia parapsicológica da consciência à superconsciência

Comecemos adotando a linha de pensamento que se acha na magnífica obra do sr. Pietro Ubaldi, *A Grande Síntese*, quando, tratando das dimensões espaciais, afirma que o ponto, sem dimensão, é absorvido pela linha – **uma dimensão** – esta se acha como absorvida pela superfície – **duas dimensões** – esta, por sua vez, absorvida pelo volume – **três dimensões**. Nesta ordem de raciocínio, tudo se passa como se a dimensão de ordem superior absorvesse a de ordem inferior. Um ser de vivência monodimensional não poderia, é evidente, realizar o não dimensionado – o ponto – associaria sempre um elemento menor que fosse de linha ou reta. Aquele que existisse e operasse a duas dimensões, em uma superfície, não realizaria a dimensão única da linha; associaria sempre um elemento, ínfimo que fosse, de superfície. Isso é justamente o que se passa conosco – tridimensionais – que só associamos a existência concreta a três dimensões, isto é, por ínfima que seja a quantidade de matéria que se revele em uma forma, aí estarão as três dimensões. Tudo se passa como se a existência fosse sucessivamente condicionada pela dimensão superior, cassando as de ordem inferior a categoria de abstrações, isto é, não objetiváveis. Como, porém, essas abstrações dimensionais gozam o seu papel de condicionantes subjacentes na forma a três dimensões que a nossa consciência reconhece e conceitua, costumamos conferir a todas elas a mesma hierarquia de valor, mesmo porque cada uma delas, de per si, é como se fosse uma dimensão só – a primeira. Posto isso, se consideramos o tempo – essa quarta dimensão einsteiniana, que expressa uma intrínseca necessidade de nosso espírito, da nossa consciência, no atentar para a forma e aceitar a entidade física, material, que ela reveste, como também, para aquilatar de deslocamentos no espaço ou de mutações de qualquer ordem que a nossa consciência perceba, parece-nos justo concluir, aplicando, analógicamente, o raciocínio apresentado para as dimensões espaciais, que, se fenômenos comprovados nos demonstrarem com rigor a superação desse tempo, isto é, como que sua absorção, conforme acontecera às dimensões de grau inferior de natureza espacial, estaríamos plenamente justificados para inferir outra dimensão – de ordem superior ao tempo, mais provavelmente de sua natureza, que seria a 5ª dimensão. Chama-la-emos: **hipertempo**. Prosseguindo nessa ordem de idéias, ou melhor, raciocínio, poderíamos ainda supor que, se pudéssemos verificar, identificar, fenômenos que equivalessem à superação ou absorção da 3ª dimensão espacial, ou melhor espaço de 3 dimensões, isso significaria a ampliação do ambiente cósmico ao **hiperespaço**, passando esse atual espaço tridimensional a apenas uma abstração. Seria como absorvido por esse **hiperespaço**, para quem vivesse a consciência desse **hiperespaço**. Esta seria uma superconsciência, cuja realidade a psicologia e a parapsicologia começam a desvelar essa superconsciência, para os seus conceitos de real, de verdade, melhormente, de existência, encontra-se-ia liberta tanto do espaço tridimensional em que nos situamos (e compreendemos as coisas...), como do próprio tempo. Operaria ela a 6 dimensões!... Resultaria ela como de uma ampliação da consciência normal aos domínios atuais do inconsciente –, que a parapsicologia, forma atual da metapsíquica de Richet, faz depositário das mais estranhas e extraordinárias virtudes, capacidades e possibilidades do psiquismo humano, para explicar a surpreendente fenomenologia do seu campo. Será isso possível? Quem poderá limitar, por um ponto final à ascese do ser criado, no caso a criatura humana, que veio como impulso de vida dos abismos dos diferentes outros reinos da natureza, perlustrando, já individualizada, sombrios caminhos no próprio seio da humanidade e, hoje, sensível às suas próprias intuições maiores, até se lança à conquista das estrelas?! Quem

marcará esse ponto final? Quem?!... Do até aqui exposto, concluímos que há duas vias que poderão conduzir à aceitação ou demonstração racional de outra ou outras dimensões:
a) **Liberação ou superação do tempo;**
b) **Absorção ou superação do espaço tridimensional.**
Que dirão a tudo isso os fenômenos do campo parapsicológico? Mantendo-nos dentro do espírito desse nosso discreto trabalho, fugiremos a citação ou análises de fenômenos parapsicológicos, que não os contidos em nosso sucinto depoimento. À forma pela qual procuramos responder à primeira pergunta sobre se haveria ou não **outro plano de existência**, tentaremos aqui fazer quanto a segunda, **outra ou outras dimensões?** Isso significará concluir pela afirmação, pela probabilidade ou não, da existência dessa outra dimensão ou dessas outras dimensões, como resultado lógico de uma análise exercida apenas sobre os fatos expostos da nossa observação, experiência e vivência.

Na linha do raciocínio apresentado no sentido da superação ou absorção do tempo, estamos em que fatos complexos, que implicam nítidas operações sucessivas, imperativas no exigirem tempo (essa própria dimensão intrinsecamente ligada à medida da duração dessa sucessividade ou de quaisquer mutações ocorrentes), se realizados instantaneamente, num momento preciso e realizados naquele momento apenas, sem quaisquer possibilidades de se lhe atribuir, por medida técnica, um lapso finito de tempo, esses fenômenos sugeririam a absorção do tempo, como normalmente o conceituamos, levando a pensar, com justiça, em algo condicionante dessa absorção ou superação, configurando aquela 5ª dimensão – o **hipertempo**. Esta conjugar-se-ia com o tempo – 4ª dimensão – criando como que um "plano de tempo", que absorveria, paradoxalmente, o próprio tempo – 4ª dimensão. Dessa forma, fenômenos complexos, implicando em múltiplas, variadas e bem caracterizadas mutações, realizar-se-iam instantaneamente!... Antecipadamente, adiantamo-nos, aqui, a quem arguisse que a instantaneidade é relativa, pois a incapacidade de medir o tempo não implicaria em sua não existência. É que não afirmamos a abolição do tempo senão como uma realidade condicionante, pois ele sempre estará num fenômeno instantâneo, subjacente, analógicamente, como toda área ou su-

Além da Parapsicologia

perfície implica um comprimento ou uma linha e, ainda, como todo volume implica como que subjacente, abstratamente, uma superfície, sabendo-se que esse último, o volume, a forma de três dimensões, será a única que ocupa espaço preenchido pela matéria, isto é, pode exibir massa. Nessa sequência de raciocínio, para quem realizasse a superconciência, prescindindo do tempo – 4ª dimensão – como condicionante da sua percepção, este seria uma abstração, mas lá estaria como condicionante abstrato, à forma pela qual o volume supõe a superfície, esta abstrata, por exemplo. Aliás, para a nossa própria consciência, face ao método infinitesimal, que deu ao homem quase que um mágico instrumento para penetrar a realidade, a um fenômeno instantâneo atribui-se um infinitésimo de tempo **dt**, grandeza essencialmente abstrata, do plano apenas da concepção. Paradoxalmente, nesse infinitésimo de tempo, realizar-se-ia a integração de um fato concreto, que normalmente exigiria intervalo de tempo finito. É o caso, por exemplo, da impulsão de uma força – **Fdt**. Estaríamos assim numa condição que difere da do espaço tridimensional, de vez que, nesse espaço, vige soberanamente o tempo, condicionante da percepção consciente e que há de ser finito. Significaria isso transcender ao contínuo espaço-tempo da concepção relativista, o caminho para o Hiperespaço. Ora, fatos dessa natureza acham-se ao longo do nosso depoimento, como referiremos a seguir.

No caso de n° 19, relatamos a amarração do médium Zézinho pelos pulsos voltados para as costas, em condições de franca, nafural e perfeita observação. Nas condições em que o fato ocorreu (convidamos o leitor a relembrar, relendo-o), afigura-se-nos demasiada agressão ao bom senso subestimar o seu valor probativo do quanto o elemento tempo pareceu esfumar-se, no insólito e instantâneo do acontecimento. Frisamos, acentuando, e com bom senso, aquela qualidade que dizia Descartes ser "mater" do conhecimento:

Transportar ao ambiente uma gravata de seda (acha-se em nosso poder), dar um golpe violento no médium Zézinho, dobrando-lhe os braços para as costas, ajustar-lhe os pulsos, envolvê-los com a gravata, passar a mesma entre os pulsos para apertar mui fortemente o laço; a seguir executar os movimentos ou manobras necessárias para dar o primeiro nó, mantendo, certamente com energia, o aperto já feito e tão intenso, continuando, a seguir, com mais de 1/2 dúzia de nós análogos, sendo cada um deles de impressionante perfeição, como se cuidadosamente manipulados, a ponto de terminar a série de nós com as duas pontas da gravata bem iguaizinhas e arrumadas como duas orelhinhas de coelho, tudo isso em ínfima fração de segundo, se não instantaneamente!... Que dizer do tempo para cada uma das operações descritas e que, normalmente, haveriam de ser sucessivas?!... Se não há uma plena, absoluta superação do tempo ou sua absorção por uma dimensão superior, quem, de bom senso, poderá negar que esse fenômeno sugere incisivamente tudo isso e, então, essa outra dimensão da realidade?... Neste caso, parece-nos certo: ou concluir conosco, o que reconhecemos ser pouco provável, particularmente para os de espírito científico, bem justificados, aliás, pelo que já dissemos sobre a resistência de todas as estruturas vigentes a se transformarem, inclusive e notoriamente as mentais, ou então, mais simples e tranquilizador: negar o fato, passando-o a fraude, ilusão, ingenuidade., ausência de espírito científico, etc...

No caso referido em o nº 22, súbito, em uma sala iluminada, tão clara de ver-se nitidamente todos os presentes e objetos circundantes, forma-se instantaneamente um biombo de tecido branco brilhante, encontrando-se, atrás, u'a moça, que se mostra à assistência, com a cabeça acima do anteparo e o corpo observado através da transparência do tecido de que era feito o mesmo. Não seria tudo aquilo uma formação tangível, pois que assim se fez observar e sentir com sua roupagem, que teria vindo à existência nesse espaço tridimensional, como originário de uma realidade maior, de um hiperespaço, onde existiria ou se haveria, pelo menos preparado para tal demonstração?!... E isto, também, se assim o pudermos dizer, em um infinitésimo de tempo, instantaneamente. Nesse fenômeno, realmente extraodinário, de uma formação tão rica de vida, de expressão humana ou outros dessa natureza, para os quais caminha certamente a experiência parapsicológica, não se encontrará imperativa a necessidade de uma profunda, quase integral reformulação da ciência atual? Perguntamos ainda:

Além da Parapsicologia

165

Não incidiria, necessariamente, essa reformulação sobre tudo o que tange à constituição do ser humano, à biologia em geral, e, mesmo, aos conceitos considerados mais seguros, que fundamentam a física e a química dos nossos dias, convidando-os a ampliarem-se a planos mais altos daquela realidade maior?!... Nesse fenômeno, como nos demais, os de nºs 20 e 21 de materializações e transporte de flores, se não a demonstração, voltamos a dizer mas pelo menos, a inegável sugestão do hiperespaço, implicando outra dimensão espacial, que chamaremos de 6ª dimensão, não se achará patente, irretorquível?!...

Assim resumimos: um espaço tridimensional se oferece a nossa percepção, vazio, em um ambiente em que nos situamos e nos consideramos localizados e orientados em referência a objetos do nosso conhecimento. Súbito, um "objeto" outro, – o biombo – não da nossa percepção anterior e um "ser" com todas as características humanas, ocupam esse espaço vazio. Pergunta-se: um segundo ou fração de segundo antes, onde se encontraria aquele objeto? Onde se encontraria aquele ser? Se o objeto não tinha existência pregressa em qualquer outro ambiente do espaço conhecido, veio ele à existência repentinamente ou em um infinitésimo de tempo t (grandeza abstrata), de que resulta superado o tempo finito, incisiva sugestão ou realidade da 5ª dimensão – **hipertempo**. Ora, sendo realidade aquele ser, onde existiria? Em outro local, no **hiperespaço** (?), não acessível à nossa percepção tridimensional. No caso, pois, bem mais complexo, mais perfeito, do ser materializado, com características psicológicas manifestas – inteligência, consciência, capacidade de ação – devemos concluir:

Há que ter existência pregressa, ou para ser mais rigoroso, tudo indica probabilidade acentuadamente maior dessa existência pregressa e, nesse caso, onde se encontraria naquele segundo ou fração de segundo precedente à materialização? No Hiperespaço, vivendo uma quarta dimensão espacial? Nesse caso, uma dimensão a mais espacial seria realidade. Aceita a descrição, pois, desse caso nº 22, mais ainda, quando a parapsicologia, em consequência de suas observações e experiências atuais, confirmar relatos análogos que vêm desde os idos do fim do século passado, quem poderá negar, também aqui, a sugestão marcante, se não a demonstração, dessa outra dimensão, a sexta (4ª espacial), configurando o Hiperespaço?!...

Há ainda a considerar, no depoimento que vimos apreciando, o caso n° 5 que implica precognição, fato esse, aliás, matematicamente demonstrado como verdadeiro na linha dos trabalhos do professor Rhine e seus seguidores. Fatos, conhecimentos ou entidades, seres ou formas que, antes de existirem ou se apresentarem na tridimensão ou melhor, na quadridimensão espaço-temporal, já para ela caminham, como se pertinentes a uma realidade mais ampla ou de outra natureza?! Projetam-se instantaneamente na mente e consciência do percipiente, independente de espaço e tempo Não se acharão aí, mui provavelmente, implícitas, presentes, as 5ª e 6ª dimensões que estamos considerando?

Em verdade, apresentando-se como realidades antes de manifestos no plano objetivo da consciência normal, isto é, antes de existirem, objetivamente, no âmbito quadrimensional (acrescido o tempo da concepção relativista), esses fatos, nesse estágio anterior ao instante em que se confirmaram nessa objetivação, em que plano ou ambiente haverão evoluído ou intrinsecamente se formado, para afinal se revelarem neste nosso ambiente tri ou quadridimensional?!... Torna-se assim claro que uma perspectiva nova, e superior, é sugerida, tornando-se em um elemento a mais para a pesquisa com referência:

1°) Ao próprio psiquismo humano, agora capaz de percepção antecipada, à luz do conceito normal de percepção, que exige o agente imediato da impressão sensorial;

2°) À própria ambiência energética, capaz de oferecer fenômenos dessa natureza.

Posto isso, será demasiado estranho inferir a possibilidade de que possa o futuro abrir ao ser humano o exercício de uma faculdade mais elevada que lhe permita transcender ao tempo, tal como, normalmente, se conceitua, decorrente de sucessão no espaço ou de mudanças quaisquer outras, inclusive mesmo de estados de consciência? Não constituiria isso o caminho para o Hipertempo conforme denominamos a 5ª dimensão e o Hiperespaço 6ª dimensão, ambas as dimensões que a nossa consciência normal não apreende, mas que seriam próprias do

Além da Parapsicologia

campo de uma **superconsciência** a despontar e dominar no homem do amanhã certamente longínquo da nossa raça ou de outras mais perfeitas que nos sucedam na vida planetária?... Será um sonho? Mesmo assim, um sonho em que há fundamentos de esperança ou dé possibilidades sugeridas por tais fatos?!... Aliás, essa **superconsciência** seria apenas o resultado da conscientização (permita-se-nos a palavra) dos imensos e ilimitados poderes ou virtudes do **inconsciente** – tão caro, atualmente, à metapsíquica ou à parapsicologia – em cujo campo, segundo Freud, tempo e espaço desaparecem.

CAPÍTULO XII

Outra perspectiva para o problema das dimensões superiores

Ao início deste estudo do problema dimensional, referimonos ao tempo e à velocidade da luz como elementos de real valia para fundamento das nossas considerações. No capítulo precedente, valemo-nos do tempo, seguindo uma certa via de raciocínio, cuja raiz se encontra na obra de Pietro Ubaldi, o qual nos conduziu ao Hipertempo, 5ª dimensão, e também, por inferência lógica, à 6ª dimensão, configurando-se o Hiperespaço. Vimos, aliás, em última análise, como essas novas dimensões se afinariam, ou melhor, corresponderiam a estados superiores de consciência, em cuja condição de evolução progressiva, através das conhecidas dimensões espaciais e do tempo, fomos encontrar sentido para as nossas conclusões sobre o Hipertempo e o Hiperespaço. É que, guardando intrínseca significação, em sua mais profunda intimidade, com a realidade cósmica que pouco e pouco se revela mais rica de energias e, talvez, de formas e expressões de vida, essas dimensões são eminentemente conceituais. Significa isso que entre o ser e o cosmos, entre a criatura humana e o meio em que se contêm, um fluxo efetivo de vibrações, de energias de toda ordem, está presente, abrangendo até características próprias de consciência, o que indicaria, poder-se-á concluir, que a consciência, primeiro difusa, depois individual, se entrosasse com uma virtude consciencial maior, achando-se, pois, em expansão para, afinal, realizar o **conhecimento pleno, verdadeiro**, quando atingida a **consciência cósmica**, a "**consciência oceânica, infinita, de Deus**".

Na linha de raciocínio adotado no capítulo precedente,

a dimensão superior de tempo – o Hipertempo – precedeu à inferência do Hiperespaço, em que se afirma a 6ª dimensão. Por isso, até aqui, conservamo-lhes a ordem, denominando-as respectivamente de 5ª e 6ª dimensões. A rigor, porém, nada logicamente impediria que, associada a que já chamamos 6ª dimensão à 3ª espacial, passássemos a considerá-la como 4ª espacial, perfazendo o espaço quadridimensional ou Hiperespaço. Seriam, então, tempo e Hipertempo respectivamente as 5ª e 6ª dimensões. Essa nova ordenação se nos afigura mais própria às considerações que se seguem, encaminhadas segundo uma via diferente para o trato do problema das dimensões superiores, formando as duas últimas o plano do tempo. Essa forma diferente, porém, de tratar o delicado problema em tela se identifica, em essência, com aquela outra já adotada precedentemente, pois, afinal, por um lado, ambas resultarão de uma progressiva e maior percepção da realidade vibratória ambiente (a suposta realidade?!...) e, por outro, decorrerão de um mecanismo ou processo de operação inerente à própria natureza, ainda não de todo revelada, segundo o qual vêm à expressão, neste plano de realidades físicas, formas, energias, seres aparentemente fora das estruturas ou condições características desse plano ou dessas realidades físicas.

Perguntar-se-á: que significará dizer-se "fora das estruturas e condições características desse plano ou realidades físicas", sendo esse o plano ou as realidades físicas em que nos situamos, com nosso modo de existência? Com razão, poder-se-á ainda arguir: quem poderá negar ou afirmar, com segurança, que mesmo os fenômenos fora dessas tais "características" constituam apenas uma gama desconhecida de expressão dessas realidades ainda do plano físico, uma ampliação do campo vibratório atualmente conhecido a níveis ainda não atingidos pela ciência humana atual, mesmo armado o homem dos mais aperfeiçoados instrumentos postos a serviço do seu gênio?!...

Essa argumentação pensamos ter lógica e oportunidade. Em verdade, adotamos a posição dos que aceitam ser apenas didático esse modo de apresentar e estudar os fenômenos ou realidades universais. Assim sendo, só didaticamente é que discriminamos e separamos planos ou dimensões, como vimos fazendo. Corresponde esse critério como que a uma necessidade da nossa inteligência, com o objetivo de simplificar a pesquisa, em busca do conhecimento melhor. Tudo se passaria como se o nosso espírito fizesse uma intervenção no fenômeno ou suposta realidade, decompondo-os para estudá-los através de seus elementos formadores mais simples, visando à posterior recomposição, mediante síntese adequada, perfazendo o conhecimento buscado. Isso o que se passa na geometria, com a concepção cartesiana, para a solução dos problemas da extensão e da forma. Isso o que conduziu o gênio de Galileu e o inspirou no lançamento das bases da mecânica, compondo e decompondo ações e movimentos. A mente humana, a sua inteligência, simplifica dividindo, separando, analisando as coisas mais simples, para melhor atingir a realidade. Com as considerações precedentes, desejamos fixar, face ao leitor, a nossa posição bem longe dos que acreditam no sobrenatural ou em vários e fantasiosos mundos abaixo ou acima de nós. Aceitamos um **mundo só**, uma **realidade só**. Estamos procurando estudar essa **realidade** em sua forma de manifestação através diferentes planos de níveis vibratórios, em conexão com as capacidades de percepção que vão caracterizando o ser humano em evolução, hoje consciente em certo estágio de vivência, que é o da nossa humanidade atual, com a sua ciência, a sua técnica, a sua civilização, amanhã talvez superconsciente no longínquo futuro das suas próprias experiências em marcha. Quando procuramos demonstrar outro **plano de existência** ou quando estudamos e procuramos inferir, com fundamentos objetivos, **outras dimensões da realidade**, tentamos, na verdade, como uma ampliação da nossa própria visão do mundo em que vivemos. A ciência nos fala de energia e vibrações. É nesses termos, também de vibrações e energia, que colocamos, agora, o problema em tela das dimensões superiores, naturalmente relacionadas com as faculdades que, informando o ser humano, o habilitam a percebê-las. Apresentá-lo-emos sob o anunciado novo aspecto, nos termos que seguem e de forma sucinta.

A **velocidade da luz**, conforme anunciamos, nos servirá, agora para a inferência de formas de substância, de matéria

Além da Parapsicologia

mais sutil que a deste plano físico, possuindo uma tônica vibratória, energética, que transcende às possibilidades de existência na tridimensão. É que, segundo consagrada afirmação relativista, ao máximo de velocidade possível – a da **luz** –, corresponde o mínimo de massa, configurada no **fóton**, extraordinariamente inferior à massa do próprio elétron, mínimo de massa da matéria tal como esta se revela neste plano físico de existência. Pode-se dizer que, apesar do avanço da física moderna e do fato indiscutível do fóton possuir massa, ainda está por ser demonstrada a identidade da luz e da matéria. Como luz é corpúsculo e é onda, o eletromagnetismo dos campos interatômicos é também corpúsculo e onda[1]. Por isso, não será demasiado esperar que um dia se identifique e se prove a sabedoria do **Gênesis**, quando diz, depois de anunciar a criação do céu e da terra, achando-se esta, porém, vazia e nua, cobrindo as trevas a face do abismo:

"Disse Deus: Faça-se a luz; e fêz-se a luz". (Cap. I, vers. 3).

E prosseguindo, só nos versículos 9 e 10 do mesmo Capítulo, está escrito:

"Disse também Deus: As águas que estão debaixo do céu ajuntem-se no mesmo lugar e o elemento árido apareça. E assim se fez – E chamou Deus ao elemento árido, terra e ao agregado das águas, mares. E viu Deus que era bom".

Isso significaria: Criada a luz, tudo o mais se lhe seguiria... Diremos nós, agora, sem ofender muito ao espírito científico: Toda a matéria poder-se-ia resolver em luz? Ou, inversamente, a luz, confinando-se por interferências sucessivas que lhe abaixassem o potencial vibratório, não poderia constituir a razão de ser de toda matéria?!... O universo manifestado na forma, na matéria, haveria sido precedido pela luz, essência e expressão de um estágio anterior da Criação.

Dissemos da possibilidade de matéria mais sutil, de ener-

---

1 A onda eletromagnética é transversal e propaga-se com a velocidade da luz no vazio. Essa identidade de velocidades sugere uma íntima relação entre os fenômenos óticos e elétromagnéticos...

Não contrariaremos nenhuma das explicações dos fatos óticos se admitirmos que a onda luminosa é eletromagnética.

Do livro *A Evolução da Física* por Albert Einstein e Leopold Infeld.

gias que transcendessem a esse plano de realidades físicas. Essa transcendência processar-se-ia por uma sucessividade de estados vibratórios que se sucedessem continuamente, como podemos supor, ou, nessa mudança de plano, haveria descontinuidade, um salto energético-vibratório? Neste último caso, dar-se-ia de forma análoga a daqueles saltos, descontinuidade, que a teoria dos quanta já definiu com precisão para o comportamento da energia de qualquer natureza porventura operante no ambiente físico e, pois, na intimidade da matéria? Dessa forma, um quanta de energia luminosa, um quanta de energia eletromagnética ou mecânica não implicaria, analógicamente, correspondências no campo energético-vibratório que caracterizasse esse outro plano de existência que procuramos demonstrar justificar ao longo desse pequeno trabalho? Em outros termos, e mais explicitamente, para além dessa energia luminosa ou do quanta dessa energia que se traduz na massa ínfima de um fóton, não estariam outros tipos de energia ou quanta dessa ou dessas energias condicionando a existência de corpúsculos ou elementos de natureza diferente da do fóton da luz física, mas que lhe possam analógicamente corresponder, apesar de participar de outro nível vibratório? Não poderiam esses elementos ou corpúsculos constituir-se na razão de ser da infraestrutura da matéria, agora característica de outro plano de existência, cuja realidade procuramos demonstrar e ao qual denominamos plano astral? Isso, talvez, à forma pela qual, tudo indica, em não remoto futuro, a ciência demonstrará a proveniência de toda matéria física do fóton ou de corpúsculos ou quanta de um tipo de energia, seja luminosa, eletromagnética ou de natureza de radiação cósmica, etc, que seja raiz de toda manifestação de matéria neste plano físico, em que nos encontramos?

Ou, ainda, retomando raciocínio análogo ao apresentado quanto ao fóton, agora aplicado aos corpúsculos ou quanta de energia do campo interatômico, não poderia a substância, nesse outro plano de existência ou de manifestação do poder universal criador, apresentar na estrutura daquela matéria, agora astral, de outra tônica energética, concentrações que fossem, então, como elétrons, corpúsculos ou quanta desse outro nível? Seriam plenos de energias imanentes e irradiantes, em corres-

Além da Parapsicologia

pondência analógica com o que se passa na estrutura da matéria física, cujos segredos a ciência já vai desvendando.

Ora, aqui se situa, bem nítida, aquela outra perspectiva para o problema das dimensões superiores. É que a percepção do tri ou quatridimensional no contínuo espaço-tempo, a serviço da consciência normal, provém de impressões energéticas ou materiais, decorrentes de estados vibratórios da substância neste plano físico de manifestação, os quais, afinal, primariamente, se resolvem no fóton, no elétron e demais partículas da intimidade atômica e implicam a vinda à existência da energia em seus vários estágios, luminosa, eletromagnética, mecânica, térmica etc...

Se, agora, lidamos com a ampliação dos conceitos de energia e de matéria aos domínios desse outro plano, o astral, perguntaremos como se comportaria o psiquismo humano, ao receber impressões não mais físicas, mas decorrentes de matéria ou formas de energia agora astrais, características desse outro plano, cuja existência porfiamos por demonstrar? Se o plano físico nos fêz tridimensionais no espaço e monodimensionais no tempo, enfim quadridimensionais, marcha ascensional que vem do fundo das mais remotas idades, será anticientífico, sem qualquer fundamento, face aos fatos objetivos de que vimos tratando, afirmar a possibilidade de que o plano astral[2] nos possa fazer, em futuro, mais ou menos remoto, penta ou hexadimensionais? Abrir-se-ia a consciência humana a um estágio superior, tendo a seu serviço percepções mais sutis dos mais elevados estados vibratórios captados desse outro plano de existência, que os fatos parapsicológicos de clarividência, precognição, psicocinesia, materialização, como as descrevemos e transportes através de obstáculos materiais controlados, etc... sugerem ou justificam, nos termos em que vimos tentando concluir com objetividade.

Essa, então, a **nova perspectiva** para o trato do delicado e sutil problema das **dimensões superiores**, que, sob esse novo ângulo, consideraremos no próximo e último capítulo.

Em verdade, nada disso se nos afigura absurdo, a não ser que queiramos impor as nossas próprias limitações à infinita

---

2 A denominação – plano astral – nada tem que ver com o significado específico constante de ensinamento teosófico, conforme assinalamos na 2ª parte desse trabalho.

riqueza da realidade universal. Tudo indica que, com o progredir da nossa capacidade de investigação e penetração nos seus secretos arcanos, cada vez se mostre ela mais rica e plena de formas novas de energia e vida, surpreendendo e deixando perplexo o homem de ciência do fim deste século XX, como vem acontecendo. Será, pois, de um honrado espírito científico negar, sumariamente, tudo isso, ironizar, classificar de anticientífico, fantasioso, absurdo tudo o que vimos dizendo ou sugerindo? Será tal posição, traduzindo estreita visão, compatível com o que vem realizando a ciência atual em todos os campos, nos quais vem abrindo ao espírito humano horizontes infinitos? Não o cremos. Cremos, sim, na contínua e gloriosa ascese da nossa humanidade a um destino maior, no amanhã da nossa civilização, quando o homem, além do conhecimento pleno do universo em extensão e profundidade, haverá, também descoberto, penetrado, estudado e compreendido o universo moral, em que também se contem, vivendo em plenitude seus mais nobres valores espirituais.

Além da Parapsicologia

CAPÍTULO XIII

Hiperespaço, hipertempo, superconsciência sob novo ângulo... Afirmaremos sim? Quem poderá assegurar não?

Até aqui, firmamo-nos no raciocínio analógico para inferir da possibilidade de uma outra via para o estabelecimento das 5ª e 6ª dimensões do nosso primeiro estudo, Hipertempo e Hiperespaço respectivamente. Acentuamos que, agora, neste 2° estudo, Hiperespaço corresponderá à 4ª espacial e Hipertempo à 6ª dimensão, que corresponde à 2ª temporal, constituindo o tempo (4ª dimensão da teoria relativista) a 5ª dimensão do conjunto das dimensões consideradas aqui. Haveria assim o **plano do tempo**.

Revigorando o exposto no capítulo precedente, apoiemo-nos nos fatos parapsicológicos e partamos, ainda aqui, da velocidade da luz, conforme anunciamos. Havemos de considerar a comprovação já realizada de que a energia mental é algo objetivo, é uma "coisa" operante. A parapsicologia já estudou e consagrou como realidades tranquilas, os fenômenos de telepatia e psicocinesia (PK), mediante exaustivas experiências, traduzidas em números e submetidas, assim, ao instrumento matemático especializado – o cálculo das probabilidades – em que se contêm **índice de certeza**, quando o de **acaso** é praticamente nulo. Isso significa que a mente humana irradia um tipo de energia capaz de atuar sobre objetos materiais, como, também, projetar-se a distâncias imensas, instantaneamente, sem quaisquer indícios de que um maior afastamento no espaço ou obstáculo material de qualquer natureza lhe possa impedir a ação. O professor J. B. Rhine conduziu experiências desse tipo, como também de clarividência, da Europa para a América, absolutamente positivas, nos termos em que se encontram referidas em seu livro *O Novo Mundo Da Mente*. Experiências envolvendo grandes distâncias foram, também, feitas, entre outros, pelo professor Leonid Vasiliev, fisiologista e membro da Academia de Ciências da Universidade de Leningrado, verificando a transmissão instantânea e perfeita de uma ordem de hipnotizador a hipnotizado entre essa cidade Leningrado e Sebastopol, bem afastada, na Criméia, a milhares de quilômetros de distância. Por outro lado, as célebres experiências de fotografia de forma-pensamento, realizadas nos Estados Unidos, em Denver e Chicago, pelo sr. Ted Serious, na presença de elevado número de cientistas, corroboram a verdade já assinalada pela estatística matemática, de que a energia mental atua, realmente, sobre objetos materiais, no caso, a sensibilidade do equipamento fotográfico, a ponto de configurar formas fotografáveis!... Tudo isso demonstra o seu caráter de energia que se exterioriza, ora adensando-se na forma e propagando-se com inaudita velocidade, se não instantaneamente, na telepatia.

Posto isso, pensamos que, se à velocidade da luz, 300.000 km/seg, limite superior da velocidade no plano físico, se correlaciona a massa ínfima de um fóton, parece haver fundamento lógico para admitir que à velocidade imensamente superior da irradiação da energia mental possa corresponder um corpúsculo de natureza mental ao qual se possa atribuir massa imensamente inferior à do fóton, conceituando-se então, essa massa como o resultado de concentração definida de um "quanta" de energia de sua própria natureza, no caso, mental... Por outro lado, a incapacidade de obstáculos materiais em impedirem a energia mental (na experiência do professor Vasiliev, hipnotizador e hipnotizado se encerraram em cabines de chumbo, imersas em mercúrio, mantendo-se o mesmo resultado positivo da transmissão), conduz-nos à afirmação de que a energia mental interpenetra a matéria física, como algo de mais sutil ou quintessenciado. Tudo se passaria como se os corpúsculos de natureza mental encontrassem vazios mesmo nos âmbitos interatômicos da matéria física, entre prótons, nêutrons, elétrons, etc... Ora, como esses elementos, acrescendo-se ainda o fóton. constituem os elementos mínimos que condicionam matéria e energia do plano físico e vão permitir a percepção e a consciência do espaço tridimensional, tudo se passa como se aqueles corpúsculos mentais operassem para além desse espaço, marcando incisivamente a condição de sutileza – de plano vibratório mais alto – em que se contêm. Serão então corpúsculos ou expressões de quanta energético do âmbito a que chamaremos – **Hiperespaço**... Este seria um espaço em que tudo se passaria como se uma nova dimensão se apresentasse em profundidade, no sentido da interiorização, permitindo fenômenos inabituais no espaço tridimensional, quando utilizada, por uma virtude ou poder qualquer, essa nova dimensão. Seria o caso dos incompreensíveis fenômenos verificados, desde muito, por cientistas de escol no campo da metapsíquica ou do espiritismo científico, cujo estudo atualizado já constitui hoje propósito da parapsicologia. Essa dimensão, que dissemos de profundidade ou interiorização, deve ser compreendida em um sentido ou outro, mas como uma condição ou um dado de superação da contingência do espaço tridimensional. Essa profundidade ou interiorização se daria, essencialmente, pela extrapolação vibratória no sentido do mais sutil, abrindo um campo fenomênico só perceptível pelo psiquismo humano quando em estágio mais avançado de consciência ou, então, quando objetivamente revelado do inconsciente ou, quiçá, do superconsciente ainda não manifesto. É que o exercício de ações, reações e interações entre os vários tipos de energia e matéria, agora, de natureza mais sutil, mental, como a denominamos, atuantes nesse Hiperespaço (este, observamos, devendo conter, abranger, naturalmente, o espaço tridimensional), promoverá percepções de nível extra-físico. Afirmamos extra-físico, considerando o sentido estrito de físico, de vez que consideramos muito mais provável, se não verdadeiro, face ao conhecimento científico atual, que apenas um tipo de substância ou energia constitua a matriz de toda manifestação em nosso universo.

O que vimos expondo, mesmo que teórico, não obstante os seus fundamentos, nos situa em condições de, pelo menos, apresentar uma hipótese com vista a uma **teoria** aplicável aos fatos de clarividência, telepatia e precognição (fenômenos ESP do Prof. Rhine), aos de psicocinesia (PK), mais ainda, e principalmente, àquele de transporte de objetos, flores etc... e até materializações, à forma dos descritos nesse nosso depoimento (1ª Parte). Teríamos, então, para os fenômenos supranormais que apresentamos – transporte de exuberante quantidade de flores para o interior de ambiente rigorosamente fechado, sem qualquer via de acesso normal para essas flores (caso n° 18), transporte de gravata com que foi subitamente amarrado o médium Zézinho e a própria e inexplicável operação da amarração, nas condições paranormais descritas (caso n° 19), materializações e desmaterializações como nos casos referidos nos n°s 20 a 22, explicação aceitável, se não de fácil compreensão. As operações necessárias a tais manifestações, tais fatos, passar-se-iam no **hiperespaço** a que nos conduziu o estudo da energia mental, o qual se constituiria no campo de uma realidade maior. Poderiam nele expressar-se não só fenômenos próprios da energia mental mas, também, os decorrentes de formas energéticas de outra natureza, numa ascenção hierárquica que vá, desde a força ou vibração mental pura ou tocada, fraca ou fortemente, de conteúdos emocionais que lhe dão sempre uma intensidade maior e uma característica própria, às energias sutis que mobilizam a inspiração da arte e do amor que leva o ser pleno de poder à realização do bem. Expressar-se-iam, aí, outrossim, as energias espirituais que informam a psique humana e têm sido exemplificadas pelos grandes seres, santos e instrutores, os quais marcaram com traços de luz alguns períodos da história da civilização. Ampliaríamos aqui o conceito de – Hiperespaço ligado ao da superconsciência, a toda essência vibratória de possíveis planos superiores.

Nesse **hiperespaço**, capazes de se manifestarem em atos concretos na tridimensão do nosso **espaço**, operariam, por outro lado, seres cuja existência julgamos haver demonstrado. Atuariam esses seres demonstrando conhecimentos de uma ciência que fosse própria da condição hiperespacial, como, também, sua capacidade de "poder fazer", haja vista a série de fenômenos dos mais simples aos mais extraordinários que apresentamos, cuja análise nos forçou a concluir pela certeza de sua existência. Dessa capacidade, participaria o próprio homem normalmente ou conscientemente tridimensional, po-

Além da Parapsicologia

rém possuindo, em seu mundo interno, ainda inconsciente, virtudes, potencialidades próprias daquele estado superior de vivência no hiperespaço. Daí, parecer-nos certa a posição da parapsicologia, ou metapsíquica, quando, agindo cientificamente, com o extremado rigor necessário, que este livro não pretendeu adotar (e isso foi dito no início), lhe atribui a responsabilidade por toda essa fenomenogia paranormal. Aceitamos os fatos paranormais puramente anímicos, mas estamos, conforme procuramos demonstrar pela análise racional e objetiva de fatos, em que essa hipótese restrita que a nosso ver tem vindo deformando o espírito da pesquisa parapsicológica, está longe de abarcar toda a fenomenologia desse campo. Foi essa a conclusão da 2ª Parte deste livro.

Dentro do espírito da exposição precedente, a existência do Hiperespaço, afinal, corresponderia a uma conjunção da escalada vibratória no sentido do sutil, implicando frequências e comprimentos de onda próprios ou características desse outro nível de manifestação da realidade, com a evolução psicológica da ampliação efetiva da consciência. Dessa forma, correspondendo a esse tipo de condições para as operações de um mais elevado nível e sua compreensão, o ser bidimensional não compreenderia a para ele impossível transposição de um obstáculo tridimensional, e o homem tridimensional ficaria estarrecido, e isso acontece, sem compreender fatos ou realizações que impliquem essa outra 4ª dimensão da realidade espacial. Com o evolver, pois, do homem para estados conscienciais superiores, revelar-se-á o universo em que se contém, cada vez mais rico de possibilidades, apresentando dimensão nova ou dimensões, agora, vivida ou vividas e compreendidas no abstrato conceitual do mundo interno do próprio ser.

Por outro lado, cabe ainda considerar que nos habituamos, no caso do espaço, a associar dimensão com direção; daí as três espaciais normais. Todavia advertidos do condicionamento de tempo para a consciência do objeto, já aceitamos esse tempo como outra dimensão de natureza diferente. Na verdade, se afigura ele imperativo, sempre presente, para o juízo ou apreciação da suposta realidade. Em face, porém, da agressividade e do surpreendente dos fatos parapsicológicos, indicando, como depuzemos, superação do tempo e do espaço tridimensional, é que está se impondo uma reformulação interpretativa dos conceitos básicos de tempo e espaço, em conexão com o significado intrínseco daqueles fatos no que possam revelar do "desconhecido" que ainda nos cerca. Por ora, essa reformulação, para o homem comum, só poderá ser feita no racional (e isso já significará muito, pois a reação, pela Lei da Persistência, que já assinalamos, estará sempre presente). Todavia, particularmente do oriente, há muito, tem vindo o ensino, a palavra de que o ser humano ascenderá à **superconsciência**. Indicam apenas vias místicas. Aqui estamos procurando tomar outra posição:

1°) Indicamos essa **superconsciência** pela via racional, apoiados em fatos;

2°) Pensamos que sua realização natural um dia, possa ocorrer como um estágio normal a que atingirá o homem;

3°) Tratando-se de um estado psicológico não bem estudado, achamos bem possível que vias não racionais, místicas, possam promover esse estado em alguns homens privilegiados mesmo agora, em nossa atual civilização.

No estado de vivência dessa superconsciência, o ser humano, com atributos e faculdades próprias da percepção do hiperespaço, poderá construir uma ciência mais perfeita, por mais extensa e profunda, sobre a realidade universal. A essa superconsciência chegaria o homem por uma ampliação de sua consciência normal a estágios cada vez mais profundos e sutis, resultando de um progressivo evolver em que se afirmariam atributos e faculdades novas, próprias à percepção no Hiperespaço. Nessas outras possíveis condições de desenvolvimento do psiquismo humano, construir-se-ia um conhecimento mais profundo e perfeito da realidade universal a ciência maior do homem de amanhã.

Quanto ao hipertempo, ao qual chegamos através da absorção ou superação do tempo, patente em fenômenos desses no depoimento da 1ª Parte deste trabalho, a ele seremos conduzidos, outrossim, por essa outra via que anunciamos. É bem claro que, como em nossa consciência normal não podemos entender o hiperespaço, o mesmo se dará para o hipertempo, constituindo-se ambos campo próprio da superconsciência, quando não

Além da Parapsicologia

em fenômenos esporádicos, revelação da riqueza do nosso atual inconsciente. Havemos de convir, aqui, em que essa outra via conducente ao hipertempo não difere, substancialmente, daquela já seguida no capítulo XI desta 3ª Parte. Todavia apresentará característica própria de ordem racional. Vejamos.

Tempo é, inicialmente, sucessão no espaço, isto é, fato psicológico, conceito, decorrente de mudança de posição no espaço tridimensional, ocupando o móvel pontos sucessivos de uma trajetória. Daí a percepção de mudança de situação ampliar-se a fatos de outra natureza, ou melhor, de qualquer natureza, mas que impliquem diferença de estados ou transformações. Tal o tempo. Não padece dúvida de que algo há psicologicamente estranho nessa nítida conexão entre a suposta objetividade ou realidade do tempo e o psiquismo humano. Em um sonho de alguns minutos, quiçá segundos, vivem-se acontecimentos que exigiriam anos. Em plena vigília, consequente a uma polarização emotiva, um vivo interesse, etc..., fatos se sucedem em uma extensa cronologia não percebida como tal, em que horas se escoam como segundos. Em um filme cinematográfico, sequências de longas caminhadas, de combates e enredos que exigiriam horas e horas, dias e dias e até meses ou anos, se passam com impressionante objetividade em uma ou duas horas de projeção. Daí a conclusão imediata que afirma a predominância de nossa condição psicológica na conceituação do tempo. Por outro lado, o gênio de Albert Einstein mostrou que, mesmo nos fenômenos de movimento, o tempo se condiciona à própria rapidez de deslocamento, sua velocidade, nada possuindo de absoluto, isto é, real, face ao universo finito, porém indefinido e ilimitado em que nos encontramos. Ora, tudo isso, condição psicológica por um lado, realidade física em mutação, em movimento, por outro, nos acentua o caráter contingencial, relativo do tempo, na situação em que julgamos estar colocados no espaço tridimensional.

Considerando, porém, agora, as operações já referidas que se passariam no Hiperespaço, em que são outras as definições da própria matéria, suas propriedades em relação às energias que lhe são imanentes ou irradiantes, às condições de velocidade e mutações quaisquer, tudo se modifica e assume perspectivas novas. Como aí conceituar e viver o tempo, tal como o conceituamos e supomos viver normalmente? É óbvio que, aí, para uma condição psicológica nova, para outro ambiente espacial (hiperespacial) para expressão de matéria própria de outra condição, sujeita possivelmente à evoluções de outra natureza, não há como manter o mesmo conceito de tempo – já relativo, conjuntural – da nossa vivência humana normal. Nesse hiperespaço, certamente, até o que definimos como deslocamento, origem do conceito normal do tempo, deverá modificar-se, em relação ao observador que, agora, deixa de perceber em termos espaciais normais. Tudo se passará de forma diferente em relação à velocidade ou deslocamentos, visto as novas propriedades decorrentes da sutileza da matéria, em conjunção com uma superior capacidade de percepção e um estado de consciência que implica maior penetração na coisa percebida, uma intimidade maior em relação com a realidade manifesta nesse novo ambiente de percepções mais sutis. Tudo se passaria aí, como se a suposta realidade de um fenômeno decorresse, para a percepção superconsciencial, de um processo em que a sucessividade de operações nesse hiperespaço se resolvesse numa simultâneidade para o observador do espaço tridimensional, tal a rapidez, inconcebível para esse observador, com que se passariam essas operações. Todavia, para aquele que vive o estado superconsciente condicente com a percepção hiperespacial, essa condição superior da realidade manifesta, as fases se sucederiam, conduzindo ao final da operação, de forma para ele perceptível como em uma espécie de tempo finito – o hipertempo – para nós imperceptível, um dt (infinitésimo de tempo), tal como já acentuamos.

É mister participar do hiperespaço para se ter a nítida percepção do hipertempo. Isso ocorre, por exemplo, num sonho, quando muito provavelmente participa o sonhador desse hiperespaço, como já referimos, se bem que, aí, dada a transição para a vigília, ainda se guarde a noção do tempo comum que mediria o período do próprio sonho. Esse hipertempo corresponderia então, em certos fenômenos parapsicológicos, à instantaneidade, como vimos nos casos de números 19 e 22, em que analisamos o extraordinário das operações executadas,

Além da Parapsicologia

praticamente em um infinitésimo de tempo.

No quadro da vigência do hiperespaço e do hipertempo, todos os fenômenos descritos no depoimento apresentado se enquadrariam e encontrariam um caminho explicativo, se não perfeito, mas pelo menos capaz de conduzir à uma teoria a ser submetida ao crivo das experiências que a parapsicologia haja por bem promover e conduzir.

Encerramos aqui este discreto trabalho, em que acabamos de tratar das dimensões superiores mui sucintamente, encontrando, até certo ponto, reais dificuldades, dada a sua natureza sutil, procurando manter-nos no âmbito do racional. Bem sabemos que esse assunto é, constumeiramente, versado em livros de ocultismo, de ensino teosófico, rosacruz ou de yoga. Esses ensinos afirmam as dimensões superiores e vários outros planos da realidade, conjugando-se na coexistência de seus vários níveis vibratórios, como de suas específicas dimensões.

O nosso trabalho, porém, porfiou por conservar-se adstrito a uma objetividade maior, fundamentado não em informações ou ensinamentos que nos hajam chegado do exterior e falado ao nosso mundo interior, em fluxo de intuição que conduz à fé. Fizemos tudo para não nos afastarmos da objetiva posição que pretendemos assumir desde o início: descrever fatos, apresentá-los com honestidade e coragem, sem receio de críticas ou quaisquer conceitos pejorativos, para, em seguida, analisá-los e concluir. Por isso, chegamos ao trato das dimensões superiores, dentro daquele mesmo espírito... Julgue-nos o leitor e nos releve a audácia, a que fomos conduzidos pelo imenso desejo de servir aos que carecem de estímulos para abrirem o coração e a mente a uma perspectiva maior da **suprema verdade**.

Conclusão

Parece-nos certo que o material constante do depoimento feito oferece elementos sobejos para um estudo e análise muito mais minuciosos, permitindo uma apreciação e discussão das ocorrências relatadas e, em particular, das suas circunstâncias, muito mais amplas. Isso, porém, levaria demasiado longe o trabalho, tirando-lhe a característica, inicialmente anunciada, de simples depoimento, apenas de leve analisado. Por outro lado, esse critério de maior análise e de pretendido rigor científico, reconhecemos, jamais se coadunaria com as simples descrições feitas dos fatos considerados, dentro da linha de depoimento que nos traçamos.

É bem conhecido o trabalho do sr. Aksakof, intitulado *A Desmaterialização Parcial Do Corpo De Um Médium*, em que esse eminente autor achou por bem (e parece com razão) considerar de tal importância o fenômeno, que escreveu toda essa obra para demonstrar que ele se dera, isto é, que toda probabilidade de fraude, embuste ou ilusão estaria afastada. Assim, frente a esse extraordinário fato, tira o autor naturais e importantes conclusões a respeito dos fenômenos de materialização e desmaterialização. Apresentamos em nosso depoimento fatos de valor intrínseco análogo, que poderiam merecer exaustiva análise, uma vez convenientemente documentados e salientado o absurdo da hipótese de não haverem ocorrido. Se assim os tivéssemos documentado, com atas, depoimentos e a responsabilidade, também, de terceiros, associando-se a nossa, como também com pesquisas apropriadas ao critério científico, então, apresentando-os, poderíamos pretender que o trabalho encerrasse uma verdadeira estrutura científica. Não é o caso, porém dado o critério que nos conduziu ao escrevê-lo. Todavia, mesmo nas condições expostas, que plenamente justificam os comentários feitos, como a análise da 2ª Parte que fizemos, não há como deixar de reconhecer o relevo, o significado dos fatos relatados, entre os quais aqui, ao concluir, relembramos:[1]

– A desmaterialização e materialização do chamado padre Zabeu em plena luz, desfazendo-se em névoa que se rarefaz e desaparece, para, em seguida, de tênue formação difusa branca, como neblina fraca, adensar-se em um ovóide de névoa nitidamente conformado, para daí sair na plenitude de suas vestes exuberantes de papa, com a sobrepeliz característica, e dirigir-se à assistência (no caso a nós), continuando a conversa antes encetada, (caso n° 21);

– A súbita formação, em meio da sala já previamente iluminada, de um biombo poligonal (três lados) de matéria branca brilhante e discretamente transparente, com um vulto de mulher vestida de noiva, com véu e longa cauda, mostrando-se à assistência; esse biombo se desfaz com a sala ainda iluminada, o vulto de mulher se adensa, passeia pela sala com elegância, encaminha-se para a cabine, com as fartas vestes roçando-nos os joelhos e desaparece, (caso n° 22);

– A ocorrência impressionante, até agressiva, aparentemente absurda, mas que deixa prova objetiva insofismável, do transporte de 160 cravos, formando enorme buquê, encharcado de água da chuva pesada(seria?) que caía no momento e, também, a das lindas rosas vermelhas que, formando enorme apanhado, com farta folhagem e longos talos espinhentos, foram depositados no colo de uma assistente (a sra. Ena Uchôa), em reunião na nossa própria residência, (caso n° 18);

– A incrível amarração de um médium pelos pulsos voltados para as costas, juntos e enlaçados fortemente por uma gravata de seda (que mantemos ainda em nosso poder), ostentando, além de uma apurada técnica para o aperto do laço complexo que foi feito, o acabamento perfeito de mais de meia

---

1 Possuímos várias atas que consideramos de inestimável valor, mas que não julgamos próprias para figurarem neste livro, dada a sua orientação.

dúzia de nós sucessivos, terminados pelas duas pontinhas certas da gravata; isso tudo em um segundo ou, antes, em fração de segundo, o tempo necessário, apenas, para um gesto brusco de defesa, (caso n° 19).

– Como esses, muitos e muitos outros fatos, salientando-se, agora em outro campo, por exemplo, aquele da salvação de meu pai (caso n° 12), em que a sua recuperação foi afirmada como um fato consumado, certo, decidido por uma "graça", segundo os termos usados, e, na verdade, se dá exatamente como anunciado, apesar de haver mais de 72 horas que se achava abandonado pelos médicos, sem qualquer esperança de salvação, aguardando o desenlace fatal... já aos 77 anos de idade!... Acresce a inegável importância da confirmação de possibilidade curadora efetiva em casos gravíssimos, à forma indicada nos termos em que se encontra o depoimento do caso n° 13. Na verdade, tratava-se de um estado de coma prolongado decorrente de choque, presente uma septicemia generalizada, que já não se esperava debelar.

– Orientamo-nos em todo o nosso trabalho, pretendendo apresentar apenas uma vista global de ocorrências que transcendem ao habitual, ao normal, à rotina dos acontecimentos comuns, atendo-nos, outrossim, na sua 2ª parte, a uma apreciação ou análise também global, de conclusões gerais sobre o assunto em vista. Doutra forma, iríamos, como dissemos, demasiado longe.

– Finalizando, pois, limitar-nos-emos às seguintes e finais considerações decorrentes da posição em que nos situamos, no momento, afirmando a maior probabilidade, de outro plano de existência, segundo o conceito que firmamos, isto é, do que consideraríamos outro plano de vida ou de manifestação

– O **Plano Astral**, como o denominamos. Esse conceito de outro plano insistimos, se estruturou, aliás, e se afirmou na aceitação da possibilidade de uma condição ou condições de vivência, manifestação e expressão de seres que, normalmente, possuiriam organismos constituídos de matéria (ou de substância sob modalidade outra que seja!...) como de uma faixa vibratória de tônica diferente da do nosso mundo físico. Seriam, pois, não só invisíveis, não perceptíveis pelos nossos sentidos

Além da Parapsicologia

comuns, como, presumidamente, passíveis de serem percebidos por um enfoque adequado da nossa consciência, quando liberta esta da contingência tridimensional em que, naturalmente, surge, se estrutura, se desenvolve, desde o nascimento à maturidade do ser humano. Seriam os casos das vidências e faculdades outras supranormais, já cientificamente comprovadas, segundo as conclusões, tudo indica, seguras da escola do notável professor Rhine da Universidade de Duke, o incontestável criador da parapsicologia. Dessa forma, a esse ser, dotado de um organismo de matéria outra, que convencionamos chamar astral (designação que adotamos para efeito de terminologia, para argumentar, sem necessária identificação com a matéria astral de que falam os ensinos ocultistas), corresponderia um ambiente de vida normal, com possível rica hierarquia de diferentes estados dessa matéria astral, de forças e energias afins, desse nível. É bem de ver que essa hipótese não implicará considerar que esses possíveis seres sejam, necessariamente, almas ou espíritos dos que, aqui, neste nosso plano de existência, hajam vivido. Seria esta a hipótese espírita, constituindo outro ponto de debate, de pesquisa científica. A nosso ver, constituir-se-ia ela, evidentemente, uma das inspirações de pesquisa, porém uma parte apenas da pesquisa maior em todo o âmbito do – invisível – quiçá bem mais rico de expressões de formas, vida, consciência e espírito do que possa suspeitar o homem comum da nossa humanidade.

Em verdade, se pensarmos que, da "terra, água, fogo e ar" dos antigos, chegamos ao que hoje conhecemos sobre o mundo físico, em suas formas de matéria e hierarquia das energias que o homem já surpreendeu dos arcanos do cosmos, estudou e dominou, nada de anticientífico haverá em admitir que novas e novas descobertas poderão ocorrer, identificando outras tantas modalidades de expressão energética ou de matéria, de tônica atípica em relação a toda física ou química até hoje conhecida ou realizada, apontando perspectivas jamais pensadas ou sonhadas!... Essa matéria, com sua gama de qualidade ou de energias imanentes ou envolventes, constituindo o meio, o ambiente onde se desenvolveriam formas de vida que lhe fossem próprias, não poderia, porventura, constituir também o organismo, o adequado instrumento de expressão de seres inteligentes e atuantes, tais como, tudo indica, se revelam em alguns fenômenos supranormais que referimos e apreciamos?!... Essa conjectura nos parece perfeitamente correta, fundamentada e, pois, digna de ser feita.

Com estudos dessa natureza e com o evolver das próprias faculdades humanas, talvez se abram, naturalmente, as portas da percepção, que segundo Aldous Huxley, dão acesso a um novo mundo. Este seria, como assinala o Prof. Cesário Hossri, do Departamento de Psicologia Clínica da Faculdade de Filosofia, Ciências e Letras de Santos, em seu magnífico livro sobre Treinamento Autógeno e LSD: *O Mundo Das Essências, O Mundo Das Realidades Últimas, O Mundo Que Reflete O Plano, Que Para Muitos Representa O Pensamento De Deus Ou O Meio Divino, Segundo Teilhard De Chardin.*

Acabamos de afirmar, ao longo das três Partes que constituem este livro, uma **realidade maior**, fazendo-o em decorrência de uma análise de fatos e circunstâncias que procuramos analisar com isenção de ânimo, de forma racional, convidando o leitor à meditação, ao estudo do supranormal. Na verdade, afirmamos **sim**, à existência de extraordinária fenomenologia, campo da parapsicologia, e apontando mesmo para **além**, com fundamento sólido da nossa experiência pessoal e vivência desses fatos e observações. Afirmamos **sim** à importância do problema das dimensões superiores da realidade universal, como decorrência natural, espontânea e racional daqueles fatos, observações e experiências, concluindo por duas outras dimensões, às quais denominamos Hipertempo e Hiperespaço.

Poderemos e deveremos agora perguntar: – Quem, em sã consciência, honestamente, havendo estudado esses fenômenos, já pesquisados em célebres universidades da América e da Europa, poderá assegurar **não**? Tudo que deixamos escrito, em verdade pequena gota d'água na caudal das experiências e observações conduzidas nesses ambientes científicos altamente credenciados, os magníficos resultados da análise até matemática desses experimentos, tudo isso será fantasia, anticiência de alucinados ou sonhadores? Sobre a realidade desse outro plano de existência, de seus habitantes e das dimensões superiores

Além da Parapsicologia

que acabamos de afirmar, **quem** com segurança e veracidade poderá dizer **não**? Sumariamente **não**?

– Encerrando o nosso trabalho que se desenvolveu em torno de fatos de tônica parapsicológica, cuja análise nos conduziu a duas outras dimensões da realidade, desejamos, ainda, dar ênfase às razões que apontam para **Além da Parapsicologia**, pelo menos no seu conceito atual. Assim é que a Parapsicologia, já o referimos na Introdução, estuda faculdades, capacidades, funções que se manifestam no psicofísico ou psíquico do ser humano, ainda não explicadas e incorporadas à psicologia atual. Ora, se demos como racionalmente demonstrado, pela análise a que procedemos do depoimento feito, a realidade de um outro plano de vida, de manifestação ou existência, onde se acham seres inteligentes, conscientes e operantes, como vivendo em outras e superiores dimensões, conforme vimos na 3ª Parte deste nosso estudo, parece-nos evidente havermos sido conduzidos a uma espécie de psicologia incidente sobre possíveis seres não humanos e, também, não necessariamente almas ou espíritos dos que aqui viveram. Essas entidades conscientes e operantes nesse ou desse plano seriam dotadas de condições físicas ou extrafísicas e psíquicas diferentes da nossa. Em consequência, essa **psicologia**, tratando de observações, experiências e manifestações de tais seres, dizendo do seu comportamento e capacidade, evidentemente, estaria **além da parapsicologia**, segundo o conceito desta até aqui aceito!

– É bem claro, todavia, que a maioria, ou melhor, a totalidade dos fenômenos estudados pertence, nitidamente, ao campo parapsicológico, de vez que neles se acha envolvido o ser humano no seu físico e psíquico. Dizemos, porém, que, em muitos deles, se revelam interações entre o humano e aqueles seres ou entidades, cuja existência porfiamos por demonstrar, conduzindo-nos ao estudo da atuação e comportamento de não humanos, o que nos leva **além da parapsicologia**, pois esta, insistimos, trata da pesquisa de virtudes e capacidades ainda desconhecidas do ser humano. Seu campo é, precipuamente, o do mundo interno, se assim o podemos dizer, da criatura humana, se bem que relacionado com os da física, biologia e outras ciências, já mesmo impondo a consideração do extrafísico, segundo o próprio professor Rhine. Assim, se conseguimos defender a tese, fundamentados em fatos, de uma consciência e inteligência operando fora da organização físio-psíquica humana, o que escapa à estrita definição da parapsicologia, não há dúvida, estamos além dela.

– Realmente assim nos situamos, não só pelo que acabamos de arguir, mas também, porque o depoimento analisado conduz a pensar, conjecturar e, em consequência, estudar o condicionamento da matéria e das energias desse outro plano de existência, implicando a pesquisa de sua física, química, biologia etc... Ora, definitivamente, esses estudos jamais seriam ou serão parapsicológicos. Pertenceriam como a uma parafísica, paraquímica ou parabiologia, situados fora do campo e além da parapsicologia, não obstante as correlações existentes.

– Afinal, nessa linha de pensamento, tratando de assuntosque, realmente, transcendem ao habitual e criam uma perspectiva maior, não seria insensato concluir pela possibilidade de que venha a ser a mais benéfica e valiosa realização deste século a demonstração insofismável desse outro **plano de vida, de existência** concomitantemente com a de imortalidade da alma. Essas prováveis verdades, uma vez comprovadas, em breve ou mais distante futuro, pela ciência em marcha, silenciosa mas efetivamente, mudariam a face da civilização. Enquanto, porém, a humanidade espera, contribuamos humildemente, os de hoje, para esse elevado fim, tocados pela aspiração de melhor conhecer para melhor servir, ao longo da intérmina, difícil, porém gloriosa caminhada...

Além da Parapsicologia

Indicação bibliográfica

AMADOU, Robert – *La Parapsicologia*. Editorial "Paidos" – Buenos Ayres.

AKSAKOF, Alexander – *Um Caso de Desmaterialização Parcial do Corpo de um Médium*. FEB – Departamento Editorial.

_____. *Teoria Corpuscular do Espírito*. São Paulo, 1959.

ANDRADE, Henrique Guimarães – *Novos Rumos à Experimentação Espírita*. Livraria Batuira. São Paulo.

BAUGIN, Marcel – *Hipnotisme, Sugestion, Telepsychie*. La Diffusion Cientifique – Paris.

BERGSON, Henri – *L'Energie Spirituelle*. Librairie Felix Alcan Paris, 1932.

BOZZANO, Ernesto – *Animismo e Espiritismo*. – FEB – Departamento Editorial.

_____. *Pensamento e Vontade*. Livraria Editora da FEB.

BROGLIE, Louis de – *Matiére et Lumiére*. Editions Albin Michel – Paris.

BRUNTON, Paul – *La Busqueda del Yo Misterioso*. Editorial Kier S/A. Tradução de Gabriela Civiny.

DELANNE, Gabriel – *O Espiritismo Perante a Ciência*. FEB – Departamento Editorial

_____. *Investigaciones Sobre La Mediunidade*. Editorial "Constância" – Buenos Ayres.

DAVIES, John Langdon – O *Homem e seu Universo*. Companhia Editora Nacional, São Paulo.

EINSTEIN, Albert e INFELD, Leopold – *A Evolução da Física - Tradução de Monteiro Lobato*. Companhia Editora Nacional – São Paulo.

FLAMMARION, Camille – O *Desconhecido e os Problemas Psíquicos* – Livraria da FEB – Rio.

_____. *Les Forces Naíurelíes Inconues - Ernest Flammarion*. Edilcor – Paris 1924.

GRASSET, dr. J. – *L'Ocultisme - Hier et Atijourd'hui*. Coulet et Fils, Editeurs.

GIBIER, Paul – *O Espiritismo*. Tradução de Traumer. H. Garnier, Editor.

HANSEL, C.E.M. – *ESP - A Scientifique Evaluation*. Charles Scribmeer's Sons New York.

HUXLEY, Aldous – *As Portas da Percepção. Céu e Inferno.* Editora Civilização Brasileira, 1957.

IMBASSAHY, Carlos – *Ciência Metapsíquica.* Edições "Mundo Espírita". Rio, 1949

_____. *Hipóteses em Parapsicologia.* Editora "Ego", 1947.

INFELD, Leopold – *A Evolução da Física.* Tradução de Monteiro Lobato. Companhia Editora Nacional. São Paulo.

JINARAJADASA, Charles – *A Nova Humanidade de Intuição* – Lisboa, 1936.

KORSUNSKY, M. – *The Atomic Nucleus.* Publicação da "Foreign Languages House" – Moscow.

LYRA, Alberto – *Mente ou Alma?* – Reis, Cardoso, Botelho, S/A – São Paulo.

_____. *Parapsicologia, Psiquiatria e Religião.* Editora "Pensamento" Ltda. São Paulo.

LISBOA, Roberto – *Primeiros Passos em Metapsíquica.* Rio, 1947.

LOMBROSO, César – *Hipnotismo e Espiritismo.* Edição LAKE. São Paulo.

NEVANLINA, Rolf – *Space, Time and Relativity.* Addison Wesley Publishing Companyn.

RHINE, J. Bank – *El Nuevo Mundo de La Mente.* Editora "Paidos". Buenos Ayres.

RHINE, J. Bank e J. G. Pratt – *Parapsicologia.* Edição Troquel. Biblioteca "El Tema Del Hombre".

SCHRENCK-NOTZING, Albert Freiherr von – *Problemas Básicos de Parapsicologia* – Edições Troquel – Buenos Aires.

UBALDI, Pietro – *A Grande Síntese* – Tradução de Guillon Ribeiro. RIO.

VASILIEV, L. L. – *Los Misteriosos Fenômenos da Psiquis Humana.* Editoriales Platinas – Stilcograf – Tradução de Ziammi de Constantini.

WILLIAM CROOKES – *Fatos Espíritas.* Livraria da FEB. Tradução de Oscar d'Argonnel.

WILLIAM WALKER ATKINSON – *Magia Mental.* Empresa Editora "O Pensamento" 1929.

Além da Parapsicologia

MARTE - A VERDADE ENCOBERTA
MARCO ANTONIO PETIT

Como já era previsto por uma elite científica e governamental, as evidências e sinais da atividade extraterrestre não só na Terra, mas por todo o Sistema Solar, não pararam mais de crescer após o início do programa espacial. Este livro, que enfoca especificamente o Planeta Vermelho, revela um mundo e uma realidade que supera os maiores voos da ficção científica. Marte não só ostentou no passado uma avançada civilização, cujas ruínas hoje estão sendo fotografadas pelas espaçonaves enviadas ao planeta, como apresentou formas de vida vegetal e animal semelhantes às de nosso próprio mundo, conforme revelam os fósseis já descobertos nas imagens obtidas pelos *rovers Spirit* e *Opportunity*, da NASA. Mesmo hoje, existe ainda uma forte presença alienígena no planeta, relacionada a seres que não só acompanham nossas explorações, mas continuam interferindo em nossas missões para nos ajudar a fazer determinadas descobertas. *Marte - A verdade encoberta* está longe de ser uma obra de ficção, porque se baseia exclusivamente em imagens liberadas pela NASA e pela Agência Espacial Europeia (ESA). Segundo o autor Marcos Petit, uma das maiores autoridades no assunto, as imagens disponibilizadas pelos cientistas amerianos fazem parte de um processo de preparação da humanidade para a oficialização da verdade sobre a existência de vida extraterrestre e a presença alienígena.

Fotos e links obtidos nos sites oficiais da NASA.

ALÉM DA PARAPSICOLOGIA
foi confeccionado em impressão digital, em dezembro de 2022
Conhecimento Editorial Ltda
(19) 3451-5340 — conhecimento@edconhecimento.com.br
Impresso em Luxcream 80g – StoraEnso